SEMERKΛND

Köln 2021

Wegweiser für den neuen Muslim

info@erolmedien.de

ISBN: 978-3-95707-098-2

Autor :	Ali Ihsan Weiger
Inhaltliches Lektorat :	Abdulkerim Çalışkan
	Yusuf Sezer Aytaş
	Muhammed Zahid Ece
	Bünyamin Karaca
Redaktion :	Salih Yılmaz
Cover- und Layoutgestaltung :	Erol Medien Verlag
Druck :	Sistem Matbaacılık
	İstanbul/Türkiye

2.Auflage 2021

EROL Medien GmbH

Kölner Str. 256-51149 Köln-Online Verkauf:www.semerkandonline.de

Tel.: 02203/36 94 90 - Fax: 02203/36 94 910 - E-Mail: info@erolmedien.de

Wegweiser
für den neuen Muslim

Ali Ihsan Weiger

SEMERKAND

Inhalt

Vorwort

Gelobt sei Allahﷻ, der Herr aller Welten! Er leitet recht, wen Er will und Er lässt in die Irre gehen, wen Er will. **„Und wen Allah irreführt, für den gibt es keinen, der ihn rechtleiten könnte. Und wen Allah rechtleitet, für den gibt es keinen, der ihn irreführen könnte."**[1]

Allahsﷻ Segen und Friede seien auf dem besten aller Menschen, Muhammed ﷺ, und auf seiner Familie und seinen Gefährten.

Da in Deutschland immer mehr Menschen zum Islam finden – gelobt sei Allahﷻ! – es aber kaum Einführungsliteratur für neue Muslime gibt, die über die Erklärung der korrekten Vollziehung der Gebetswaschung und der Verrichtung des Gebets hinausgeht, wurde der Autor dieses Büchleins mehrmals darauf angesprochen, ob er denn nicht eine kurze Abhandlung über dieses Thema verfassen könne, um diesem Missstand Abhilfe zu leisten.

Der Autor ist selbst Konvertit und damit quasi ein „Insider" in diesem Thema. Und da er selbst jene Schwierigkeiten, mit denen neue Muslime nach der Annahme des Islam zu kämpfen haben, hautnah miterlebt hat, möchte er in diesem Werk nicht allein auf die Grundlagen des muslimischen Glaubens eingehen, sondern auch einige praktische Tipps geben, die dabei helfen können, so manches vermeidbare Problem zu umschiffen.

Doch trotzdem wird der neue Muslim mit einigen Schwierigkeiten zu kämpfen haben. Und dies ist auch so gewollt, denn wen Allahﷻ

---

1   Sure: Ez-Zumr, Vers 36f.

liebt, den prüft Er. Und dass der Erhabene Allahﷻ die neuen Muslime liebt, ist offensichtlich, denn sonst hätte Er ihnen nicht das kostbare Geschenk des Islam ins Herz gelegt.

Der Erhabene Allahﷻ spricht im Edlen Quran: **„Wir werden euch sicherlich mit etwas Furcht, Hunger, Verlust an Vermögen, Leib und Leben und Früchten prüfen. Verkünde den Geduldigen frohe Botschaft! Diejenigen, die, wenn sie ein Unheil ereilt, sagen: „Wir sind Allahs und zu Ihm kehren wir zurück!"[2]**

Der Erhabene Allahﷻ prüft den Menschen solange, bis dieser in seiner eigenen Ohnmacht die Allmacht Seines Schöpfers erkannt hat und damit beginnt, sich nur noch auf Ihn allein zu stützen und nur noch bei Ihm Beistand zu suchen. Erst wenn er diesen Zustand erreicht hat, steht er auf festem Grund. Erst dann hat er wahrhaftig erkannt, dass der Erhabene Allahﷻ der Anfang und das Ende aller Dinge ist. Erst dann glaubt er richtig.

Der Autor bittet den Erhabenen Allahﷻ, ihn die rechten Worte finden zu lassen, um der Gemeinschaft der Muslime den größtmöglichen Nutzen zu bringen. Und er bittet Ihn, seine Fehlerquote niedrig zu belassen und ihn vor gravierenden Fehlern zu behüten. Eine ganz perfekte Arbeit ist allerdings nicht möglich, denn einer der Unterschiede zwischen dem Schöpfer und den Geschöpfen ist ja gerade der, dass der Schöpfer perfekt ist, seine Geschöpfe hingegen nicht.

---

2   2. Sura: El-Baqarah, Vers 155f.

Ein paar Vorbemerkungen

Bevor wir in die eigentliche Thematik einsteigen, wollen wir als erstes zwei wichtige Fragen klären, die auf das Verhältnis zwischen dem Schöpfer und Seinen Geschöpfen eingehen. Die eine Frage ist: „Was ist der Mensch?". Denn da unsere Erschaffung am Anfang unseres Daseins steht, sollten wir zuallererst wissen, was unser Erschaffer überhaupt mit unserer Erschaffung bezweckte. Die andere Frage ist: „Wer ist der Erhabene Allah ?", um hierdurch den Schöpfer dem Geschöpf gegenüberzustellen und zu zeigen, dass der Erhabene Allah ganz anders als Seine Geschöpfe ist. Nachdem wir diese beiden Fragen geklärt haben, wollen wir am Ende dieser Einführung anhand des Quranverses über das Licht in der Nische zeigen, wie der Mensch seinem Erschaffungszweck am besten nachkommen und so seinem Herrn am nächsten kommen kann.

Was ist der Mensch?

„Und Ich erschuf die Dschinnen und die Menschen, auf dass sie Mir dann dienen!"[3]

Der Mensch ist nicht einfach nur ein Lebewesen unter vielen, sondern wurde von Allah für ganz besondere Aufgaben vorgesehen. Im Edlen Quran heißt es hierzu:

„Und als dein Herr zu den Engeln sprach: „Ich will auf Erden einen Statthalter einsetzen!"..."[4]

Wenn jemand einen Statthalter in einem Land einsetzt, ist dies nichts anderes, als dass er einen Beauftragten einsetzt, der in seinem Namen die anderen Bewohner dieses Landes regiert. Hierfür sucht er sich eine

---

3   51. Sura: Edh-Dhariyat, Vers 56.
4   2. Sura: El-Baqarah, Vers 30.

dazu befähigte Person aus und stattet sie mit all jenen Vollmachten aus, die nötig sind, um ihren Auftrag ausführen zu können.

Nicht anders machte es Allah﷾ mit dem Menschen: Er betraute ihn damit, über die anderen Lebewesen zu herrschen und gab ihm die entsprechenden Fähigkeiten dafür mit auf den Weg. Diese besonderen Fähigkeiten heben den Menschen von allen anderen Lebewesen ab und sind der Grund dafür, warum er als „Krone der Schöpfung" bezeichnet wird.

Wie die übrigen Lebewesen auch, ist der Mensch aber zuallererst einmal aus den vier grobstofflichen Bausteinen Feuer, Erde, Wasser und Luft erschaffen. Außerdem verfügt er ebenso wie diese über eine Triebseele (Nefs), die ihn dazu antreibt, seiner Verantwortung gegenüber sich selbst und seiner Gattung nachzukommen, indem er sich um seinen Schutz, seine tägliche Versorgung und den Fortbestand seiner Art kümmert. Und da die Triebseele nicht nur fest mit den grobstofflichen Bausteinen des Menschen verhaftet, sondern sogar deren Oberhaupt ist, wird auch die Triebseele den grobstofflichen Bausteinen des Menschen zugerechnet, obwohl sie eigentlich feinstofflicher Natur ist und also mit naturwissenschaftlichen Methoden nicht nachgewiesen werden kann.

Was den Menschen nun von den anderen Lebewesen unterscheidet, ist sein Herz (Qalb). Und hiermit meinen wir natürlich nicht jenes Organ, das das Blut des Menschen durch seinen Körper pumpt, sondern sein spirituelles Herz. Dieses spirituelle Herz hebt den Menschen vom Tier ab und macht den entscheidenden Unterschied zwischen beiden. Es besteht nicht aus den grobstofflichen Elementen des Menschen, sondern ist ein „Lichtkristall", der aus göttlichem Licht erschaffen wurde und damit feinstofflich und quasi „nicht von dieser Welt" ist.

Imam el-Ghazali ﷾ schrieb über die Aufgabe dieses spirituellen Herzens im Menschen: „Das Herz ist der Wissende von Allah und der sich Allah Nähernde und der für Allah Handelnde und der zu Allah Eilende und der Entdecker dessen, was bei Allah ist!"[5]

Mithilfe dieses „Lichtkristalls" in seinem Inneren ist es dem Menschen also überhaupt erst möglich, seinen Herrn zu erkennen, Seine Geheimnisse zu entdecken und mit Diesem in Kontakt zu treten. Und nur dank dieses besonderen Organs kann der Mensch seine Aufgabe als Statthalter Gottes auf Erden wahrnehmen. Dies funktioniert aber nur, wenn er sein Herz aus der Umklammerung der grobstofflichen Bausteine seines Körpers und der Dominanz ihres Anführers – der Triebseele – befreit und ganz in den Dienst Allahsﷻ stellt und der jenseitigen Welt zuwendet. Und all seine Körperglieder sind nur dafür da, ihm bei der Erreichung dieses Ziels zu helfen.

Imam el-Ghazali ﴾ schreibt hierzu: „Alle anderen Organe des Menschen sind nur dazu da, seinem Herzen zu folgen und sich in seinen Dienst zu stellen. Denn ihr Verhältnis zum Herz des Menschen ist wie das Verhältnis der Untertanen zu ihrem König."[6]

Erst wenn sich das Herz von allen Anhaftungen an die irdische Welt befreit hat und keine anderen Formen der Liebe mehr in sich trägt, als nur die Liebe Allahsﷻ und jenen Dingen, die ihm dabei helfen, die Liebe und das Wohlgefallen Allahsﷻ zu erlangen, wird es in die Nähe Allahsﷻ eingelassen. Und diese Nähe besteht natürlich nicht in einer physischen Nähe zu Ihm, sondern in einer spirituellen Nähe, mithilfe derer er seinen Herrn erkennt und über Ihn Dinge erfährt, die man nicht aus Büchern lernen kann.

Noch einmal Imam el-Ghazali ﴾ hierzu: „Das Herz wird (in der Nähe) Allahs akzeptiert, wenn es sich von allen Dingen neben Ihm befreit hat und es ist von Allah (wie durch einen dicken Vorhang) verschleiert, wenn es sich in Dinge vertieft, die nichts mit Allah zu tun haben. Und so ist es entweder das zu Allah Strebende und von Allah Angesprochene

---

5   El-Ghazali: Ihya'u Ulumiddin: Adscha'ib el-Qulub, Band 5, S. 10.
6   Ebd., Band 5, S. 10.

oder das von Allah Getadelte und von Allah Bestrafte. Wenn es sich gereinigt hat, findet es sein (jenseitiges) Heil und in der Nähe Allahs seine (diesseitige und jenseitige) Glückseligkeit und wenn es sich (durch Sündhaftigkeit und Ungehorsam) beschmutzt und nicht den Weg der Reinigung antritt, gehört es (im Diesseits und im Jenseits) zu den Unglückseligen."[7]

Erst wenn sich das Herz von allen Anhaftungen an die irdischen Dinge befreit und ausschließlich Allah☽ zugewendet hat, ist es dazu imstande, in Seine Nähe einzutreten. Diesen Prozess der Reinigung des Herzens und der Annäherung zu Allah☽ nennt man „spirituelle Heimreise" oder „Himmelfahrt" des Menschen, die der Diener erst abgeschlossen hat, wenn sich seine Körperglieder vollkommen in den Dienst seines Herzens gestellt haben und sich sein Herz vollkommen in den Dienst Allahs☽ gestellt hat.

Alle Propheten haben diese spirituelle Himmelfahrt vollzogen und sind in die Nähe Allahs☽ emporgestiegen. Der Prophet Muhammed☷ vollzog seine persönliche Himmelfahrt in der Nacht seiner „Nachtwanderung"[8], etwa ein Jahr vor seiner Auswanderung nach Medina. Und diese vollzog er nicht nur mit seiner Seele, sondern auch mit seinem Körper, was ihn von allen anderen Menschen unterscheidet. Anschließend beschrieb er seinen Gefährten, wie er in Begleitung des Offenbarungsengels Dschibril☺ die sieben Himmel durchschritt und dort auf die Propheten Adem, Isa, Yahya, Yusuf, Idris, Harun, Musa und Ibrahim – Allahs Friede sei auf ihnen allen – traf. Hierbei wurden ihm Einblicke in das Paradies und die Hölle gewährt und viele Geheimnisse der verborgenen Welt gezeigt. Beim „letzten Lotosbaum" im siebten Himmel erreichte er schließlich das Ende der Welt. Dort zeigte sich ihm der Offenbarungsengel Dschibril☺ in seiner eigentlichen Gestalt und teilte ihm Dinge von seinem Herrn mit, die noch niemandem vor ihm mitgeteilt worden waren, Im Edlen Quran heißt es hierzu:

---

7   Ebd., Band 5, S.10.
8   Die Nachtwanderung des Propheten ☷ wird in der 17. Sura: El-Isra beschrieben.

„Gelehrt hat ihn einer, der über große Kräfte verfügt und der wohlgefestigt ist. Am obersten Horizont stand er aufrecht da. Hierauf näherte er sich und kam (immer weiter) nach unten, bis er eine Entfernung von zwei Bogenlängen erreicht hatte, oder noch näher. Und da offenbarte Er Seinem Diener (durch Vermittlung des Offenbarungsengels Dschibril), was Er ihm offenbarte. Und sein Herz hielt es nicht für gelogen, was es da sah. Wollt ihr denn mit ihm streiten, über das, was er (da) sah?!"[9]

Nachdem er diese besondere Zuwendung Allahs erfahren durfte, stieg er wieder zur Erde hinab, um dort seine Aufgabe als Statthalter Allahs zu vollenden, indem er viele jener Geheimnisse mit seinen Gefährten teilte, die er bei seiner Himmelfahrt von seinem Herrn erfahren hatte und ihnen auf diese Weise zeigte, wie auch sie die Nähe Allahs erlangen und ihre Himmelfahrt vollziehen können.

Wir gewöhnlichen Menschen sind nun allerdings weder dazu in der Lage, mit unserem Körper die Himmelfahrt zu vollziehen noch dieselbe Nähe Allahs zu erlangen, wie der Prophet Muhammed. Und wozu wir nicht in der Lage sind, dazu sind wir auch nicht verpflichtet. Wozu wir aber in der Lage sind, ist die spirituelle Himmelfahrt mithilfe der Reinigung unseres Herzens. Und hierzu sind wir dann auch verpflichtet, denn ohne sie können wir unserer Zweckbestimmung der Erlangung von Gotteserkenntnis und der reinen Anbetung Allahs ohne jegliche Ablenkung durch irdische Gedanken und die Einflüsterung des Teufels nicht nachkommen.

Deshalb sind wir dazu verpflichtet, unser spirituelles Herz aus dem Gefängnis seines irdischen Körpers zu befreien, indem wir es aus dem Sumpf der dunklen Materialität unserer Triebseele - die der Herrscher des Körpers und seiner grobstofflichen Bausteine Feuer, Erde, Wasser, Luft ist - herausziehen und ans Licht bringen.

---

9   53. Sura: En-Nedschm, Vers 1f.

Oder anders ausgedrückt: Wir müssen den Bann unserer Triebseele über unser spirituelles Herz brechen und ihren Einfluss auf uns solange zurückdrängen, bis sie uns schließlich nicht mehr diktieren kann, welche Dinge wir in diesem Leben anstreben sollen und welche nicht. Denn die Triebseele will immer Dinge, die uns den Aufstieg auf der Himmelsleiter zur Erlangung der Nähe Allahs versperren und unser spirituelles Fortkommen behindern. Sie will in der Welt der Materialität verharren und dort Wohlstand, Ruhm, gesellschaftlichen Einfluss, Macht, Bequemlichkeit und Genuss erlangen. Und dies alles in einem Maße, dass es für hundert Leben reichen würde. Und mit diesen falschen Zielen der Triebseele gehen so schlechte Eigenschaften wie Neid, Zorn, Hass, Missgunst, Geiz, Egoismus, Rücksichtslosigkeit, Hartherzigkeit und Unbarmherzigkeit einher, die uns unserer Menschlichkeit berauben und uns zu ungerechten Statthaltern Allahs auf Erden machen.

Die Sprossen der Himmelsleiter bestehen demgegenüber aus der Zufriedenheit mit dem, was uns Allah zugedacht hat und gehen mit so schönen Eigenschaften wie Standhaftigkeit, Freigiebigkeit, Bescheidenheit, Güte, Wohlhandeln, Nächstenliebe, Uneigennützigkeit und Barmherzigkeit einher.

Je mehr wir uns von den schlechten Eigenschaften der Triebseele trennen, desto weiter können wir auf der Himmelsleiter emporklettern, deren Ende erst erreicht ist, wenn wir alle schlechten Eigenschaften der Triebseele beseitigt und durch gute Eigenschaften ersetzt haben. Erst dann haben wir die Weltenliebe komplett aus unserem Herzen verbannt und durch die reine Gottesliebe ersetzt. In diesem Zustand streben wir dann nur noch jene Dinge an, die Allah will und nicht mehr jene Dinge, die die Triebseele will, obwohl sie doch dem Willen Allahs zuwiderlaufen. Und erst wenn wir dem Willen Allahs in allen Lebenssituationen folgen, können wir dauerhaft zu Herzensruhe und Seelenfrieden finden. Denn solange wir nicht voll und ganz dem Willen Allahs folgen, lässt uns Dieser jedes Mal gegen die Wand laufen, wenn es zu einem Konflikt zwischen Seinem und unserem Willen kommt. Und wie sollte denn auch unsere ohnmächtige Triebseele ihren Willen gegen den Willen des Allmächtigen durchsetzen können...

Wer ist Allahﷻ?

„Er ist Allah, neben Dem es keine Gottheit gibt. Er kennt das Verborgene und das Offensichtliche. Er ist der Allerbarmer, der Barmherzige. Er ist Allah, neben Dem es keine Gottheit gibt. Er ist der Herrscher, der Reine, der Verschonende, der Sicherheit Gewährende, der Dominierende, der Allmächtige, der Bezwinger, der Majestätische. Erhaben ist Allah über alles, was sie Ihm beigesellen. Er ist Allah, der Schöpfer, der Formgebende, der Gestalter. Sein sind die Schönsten Namen. Ihn preist, was in den Himmeln und auf Erden ist. Er ist der Mächtige, der Allweise."[10]

Im Glaubensbekenntnis bezeugen wir, dass der Erhabene Allah ﷻ der eine und einzige Gott ist. Damit erkennen wir gleichzeitig an, dass das Wesen dieser Gottheit die Vollkommenheit in allen Dingen ist. Sowohl Ihr Wesen ist vollkommen als auch Ihre Eigenschaften. Der Erhabene Allah ﷻ hat keine Mängel und an Ihm gibt es keine Unvollkommenheit. Er besteht schon seit jeher in Seiner Vollkommenheit und wird immerdar in Seiner Vollkommenheit weiterbestehen. Und dies trifft nicht nur auf Sein Wesen zu, sondern genauso auch auf all Seine Eigenschaften und Schönen Namen, die Er uns im Edlen Quran und den prophetischen Überlieferungen mitgeteilt hat: Sie alle gehören schon seit jeher in ihrer Vollkommenheit zu Ihm und werden immerdar in ihrer Vollkommenheit zu Ihm gehören. Denn das spätere Hinzukommen einer Seiner Eigenschaften würde ja bedeuten, dass Ihm zuvor etwas gefehlt hätte und Er zuvor nicht vollkommen gewesen wäre. Und solch ein Mangel ist auf den Erhabenen Allah ﷻ bezogen genauso unmöglich wie ein Mangel in Seinen Eigenschaften.

---

10   59. Sura: El-Haschr, Verse 22-24.

اَللّٰه	اَلرَّحْمٰنُ	اَلرَّحِيمُ	اَلْمَلِكُ	اَلْقُدُّوسُ	اَلسَّلَامُ	اَلْمُؤْمِنُ
Allah	Der Allerbarmer	Der Barmherzige	Der König	Der Reine	Der Unversehrte	Der Bürge
اَلْمُهَيْمِنُ	اَلْعَزِيزُ	اَلْجَبَّارُ	اَلْمُتَكَبِّرُ	اَلْخَالِقُ	اَلْبَارِئُ	اَلْمُصَوِّرُ
Der Beschützer	Der Mächtige	Der Gewaltige	Der Stolze	Der Erschaffer	Der Urheber	Der Gestalter
اَلْغَفَّارُ	اَلْقَهَّارُ	اَلْوَهَّابُ	اَلرَّزَّاقُ	اَلْفَتَّاحُ	اَلْعَلِيمُ	اَلْقَابِضُ
Der Verzeihende	Der Bezwinger	Der Beschenkende	Der Versorgende	Der Eröffnende	Der Allwissende	Der Ergreifende
اَلْبَاسِطُ	اَلْخَافِضُ	اَلرَّافِعُ	اَلْمُعِزُّ	اَلْمُذِلُّ	اَلسَّمِيعُ	اَلْبَصِيرُ
Der Gewährende	Der Erniedrigende	Der Erhöhende	Der Würdigende	Der Entwürdigende	Der Allhörende	Der Allsehende
اَلْحَكَمُ	اَلْعَدْلُ	اَللَّطِيفُ	اَلْخَبِيرُ	اَلْحَلِيمُ	اَلْعَظِيمُ	اَلْغَفُورُ
Der Gerechte	Der Gütige	Der Richter	Der Kundige	Der Milde	Der Allgewaltige	Der Allvergebende
اَلشَّكُورُ	اَلْعَلِيُّ	اَلْكَبِيرُ	اَلْحَفِيظُ	اَلْمُقِيتُ	اَلْحَسِيبُ	اَلْجَلِيلُ
Der Dankbare	Der Hohe	Der Große	Der Bewahrer	Der Ernährer	Der Ausreichende	Der Herrschaftliche
اَلْكَرِيمُ	اَلرَّقِيبُ	اَلْمُجِيبُ	اَلْوَاسِعُ	اَلْحَكِيمُ	اَلْوَدُودُ	اَلْمَجِيدُ
Der Freigiebige	Der Beobachter	Der Erhörende	Der Grenzenlose	Der Weise	Der Liebende	Der Ruhmvolle
اَلْبَاعِثُ	اَلشَّهِيدُ	اَلْحَقُّ	اَلْوَكِيلُ	اَلْقَوِيُّ	اَلْمَتِينُ	اَلْوَلِيُّ
Der Wiedererweckende	Der Zeuge	Der Wahrhaftige	Der Treuhänder	Der Starke	Der Unbeugsame	Der Freund
اَلْحَمِيدُ	اَلْمُحْصِى	اَلْمُبْدِئُ	اَلْمُعِيدُ	اَلْمُحْيِى	اَلْمُمِيتُ	اَلْحَيُّ
Der Lobwürdige	Der Rechnende	Der Ursprung	Der Wiederherstellende	Der Lebensspender	Der Lebennehmende	Der Lebendige
اَلْقَيُّومُ	اَلْوَاجِدُ	اَلْمَاجِدُ	اَلْوَاحِدُ	اَلْأَحَدُ	اَلصَّمَدُ	اَلْقَادِرُ
Der Beständige	Der Vollkommene	Der Preiswürdige	Der Einzige	Der Eine	Der Unabhängige	Der Allfähige
اَلْمُقْتَدِرُ	اَلْمُقَدِّمُ	اَلْمُؤَخِّرُ	اَلْأَوَّلُ	اَلْأَخِرُ	اَلظَّاهِرُ	اَلْبَاطِنُ
Der Allmächtige	Der Voranstellende	Der Hintanstellende	Der Erste	Der Letzte	Der Offensichtliche	Der Verborgene
اَلْوَالِى	اَلْمُتَعَالِ	اَلْبَرُّ	اَلتَّوَّابُ	اَلْمُنْتَقِمُ	اَلْعَفُوُّ	اَلرَّؤُوفُ
Der Nahe	Der Erhabene	Der Gute	Der die Reue Annehmende	Der Rachenehmende	Der Gnädige	Der Vergebende
مَالِكُ الْمُلْكِ	ذُو الْجَلَالِ وَالْإِكْرَامِ	اَلْمُقْسِطُ	اَلْجَامِعُ	اَلْغَنِيُّ	اَلْمُغْنِى	اَلْمَانِعُ
Der Allesbeherrschende	Der Große und Großmütige	Der Gerechte	Der Versammelnde	Der Reiche	Der Reichmachende	Der Verhindernde
اَلضَّارُّ	اَلنَّافِعُ	اَلنُّورُ	اَلْهَادِى	اَلْبَدِيعُ	اَلْبَاقِى	اَلْوَارِثُ
Der Schadbringende	Der Nutzbringende	Der Lichtgebende	Der Rechtleitende	Der Hervorbringende	Der Fortbestehende	Der Erbe
اَلرَّشِيدُ	اَلصَّبُورُ					
Der Verständige	Der Langmütige					

Die Schönen Namen Allahs ﷻ

All Seine Eigenschaften sind genauso vollkommen, wie Sein Wesen vollkommen ist. Und wenn der Erhabene Allah🕮 beispielsweise davon spricht, dass Er das Verborgene und das Offensichtliche kennt, so kennt Er dieses in seiner absoluten Vollkommenheit und keine noch so heimliche Tat und kein noch so flüchtiger Gedanke Seiner Geschöpfe bleiben Ihm verborgen. Die Gelehrten sagen hierzu so schön: „Der Erhabene Allah🕮 sieht das Laufen der schwarzen Ameise in der tiefschwarzen Nacht über den tiefschwarzen Stein."

Der Erhabene Allah🕮 hat uns erschaffen, damit wir Ihn kennenlernen. In diesem Sinne interpretierten die Prophetengefährten den Quranvers: **„Und Ich erschuf die Dschinn und die Menschen einzig, auf dass sie Mir dann dienen!"**[11] und sagten ihren Schülern, dass dieses „Dienen" sowohl aus der Anbetung des Erhabenen Allah🕮 als auch aus der Erkenntnis von Ihm besteht. Denn nur wer Ihn kennt, wird Ihn auch aufrichtig lieben können. Und nur wer Ihn aufrichtig liebt, wird Ihm auch in aufrichtiger Liebe dienen können.

Die Anbetung des Erhabenen Allah🕮 besteht nun aus der Hinwendung des Körpers des Menschen zu seinem Schöpfer, indem er mit seinem Körper seine Gebete verrichtet, fastet, die Pilgerfahrt vollzieht und die Armensteuer entrichtet.

Die Erkenntnis von Ihm und die Liebe zu Ihm bestehen demgegenüber aus der Hinwendung des Herzens, des Verstandes, des Geistes, der Seele des Menschen zu seinem Schöpfer, indem er Seiner gedenkt, über Sein Wirken in Seiner Schöpfung nachdenkt und versucht, in den Vorgängen dieser Welt von der Wirkung auf die Ursache zu schließen und darin die Wiederspiegelung der Eigenschaften und Schönen Namen des Erhabenen Allah🕮 zu erkennen.

Diese Eigenschaften und Schönen Namen des Erhabenen Allah🕮 sind der Schlüssel zur Gotteserkenntnis, denn nur über sie kann Er erkannt

---

11   51. Sura: Edh-Dhariyat, Vers 56.

werden. Sein Wesen ist für den Menschen hingegen unvergleichlich, genauso wie es im Edlen Quran heißt: **„Nichts ist Ihm gleich!"**[12] Und da das Wesen des Erhabenen Allahﷻ ganz anders als das Seiner Geschöpfe ist, hat der Mensch keinen gedanklichen Zugang dazu. Es bleibt für ihn unergründlich und er kann sich keine Vorstellung davon machen. Und wenn er sich doch eine Vorstellung davon macht, greift er auf irgendwelche Dinge zurück, die er aus der Welt der erschaffenen Dinge kennt und kommt damit automatisch zu einem falschen Ergebnis. Und dann spricht er dem Erhabenen Allahﷻ Dinge zu, über die Er erhaben ist und Dinge ab, über die Er verfügt.

So vergleichen beispielsweise einige Muslime das Wesen des Erhabenen Allahﷻ mit dem Wesen Seiner Geschöpfe - weil sie sich über Sein wahres Wesen keine Vorstellungen machen können - und sprechen ihm einen Körper zu, obwohl Er doch erhaben über alle Arten der Körperlichkeit ist. Denn egal wie groß ein Körper auch immer sein mag, erreicht er doch irgendwo seine Grenzen, muss sich an irgendeinem Ort befinden oder aus irgendwelchen Materialien bestehen. Der Erhabene Allahﷻ ist aber über alle Arten von Beschränkungen wie körperliche Begrenzungen, Ortszuweisungen oder Materialität erhaben, denn nichts ist Ihm gleich...

Wir sehen also, dass es gute Gründe dafür gibt, warum es uns verboten ist, uns in die Beschaffenheit des Wesens des Erhabenen Allahﷻ zu vertiefen. Stattdessen raten uns die Gelehrten dazu, uns eindringlich mit Seinen Eigenschaften und Namen zu beschäftigen. Denn Seine Eigenschaften können wir - jedenfalls bis zu einem gewissen Teil - verstehen und dabei Seine Allmacht und Allfähigkeit, Sein Allwissen und Allsehen, Seine grenzenlose Güte und Barmherzigkeit, besser erkennen. Deshalb gab uns der Gesandte Allahsﷺ folgenden äußerst nützlichen Tipp mit auf den Weg: *„Allah besitzt 99 Namen. 100 minus eins. Jeder, der sie auswendig lernt, wird ins Paradies eintreten!"*[13]

---

12   42. Sura: Esch-Schura, Vers 11.
13   El-Bukhari: Da'wat: 68: „Lillahi Mi'atu Ismin ghayra Wahid", Nr. 6410.

Hierbei ist es natürlich nicht mit dem bloßen Auswendiglernen Seiner 99 Namen getan und nicht umsonst sind andere Überlieferungen zu diesem Thema gerne mit dem Zusatz „Jeder, der sie auswendig lernt und ihre Bedeutung kennt" versehen. Wobei mit „Bedeutung" wiederum nicht einfach die bloße Übersetzung der Namen des Erhabenen Allahﷻ gemeint ist, sondern die eingehende Beschäftigung mit diesen und die wahre Erkenntnis von ihnen.

Die Erkenntnis vom Erhabenen Allahﷻ kann also nur über die Erkenntnis Seiner Namen und Eigenschaften führen.[14] Denn nur, wenn wir uns mit Seinen Eigenschaften beschäftigen, können wir Ihn besser kennenlernen. Und nur, wenn wir Ihn besser kennenlernen, können wir unser Vertrauen in Ihn stärken. Und nur, wenn wir auf Ihn in allen Lebenssituationen vertrauen, kann unser Glaube fest werden. Und nur, wenn wir einen wirklich festen Glauben haben, können wir diesen auch in der schweren Stunde unseres Todes bewahren und in die jenseitige Welt hinüberretten.

Deshalb sollten wir eines niemals vergessen: Als wir den Glauben angenommen haben, hat uns der Erhabene Allahﷻ einen Funken Seiner Liebe ins Herz gelegt und uns Ihn mithilfe dieses Liebesfunkens finden lassen. Aber genauso schnell kann Er uns dieses Glaubenslicht auch wieder aus dem Herz nehmen und den Glauben an Ihn wieder verlieren lassen, weil wir das Geschenk des Glaubens nicht in Ehren halten und nicht versuchen, mehr über Ihn herauszufinden. Und was wäre dies denn auch für eine Liebe, wenn wir nicht alles über den Geliebten wissen wollten und nicht alles dafür täten, ihn zufriedenzustellen?!

---

14   Wobei die Namen des Erhabenen Allah ﷻ gleichzeitig Eigenschaften von Ihm sind.

Die Lampe in der Nische

„Allah ist (der Erschaffer) des Lichts der Himmel und der Erde. Das Gleichnis Seines Lichts ist wie die Nische mit einer Lampe darin. Die Lampe ist von Glas umgeben und das Glas ist (so rein) wie ein funkelnder Stern. Sie brennt (mit Öl) von einem gesegneten Olivenbaum, der weder östlich noch westlich ist und dessen Öl fast schon (von selbst) leuchtet, ohne dass (überhaupt) Feuer darangekommen wäre - Licht über Licht. Allah leitet zu Seinem Licht, wen Er will."[15]

Öllampe in der Nische

Es gibt verschiedene Rangstufen der Seele, die alle aufeinander aufbauen. Die niedrigste Stufe nimmt hierbei die Tierseele ein, die allein von ihren Instinkten geleitet wird und vollständig in der materiellen Welt

---

15   24. Sura: En-Nur, Vers 35.

zuhause ist. Und die höchste Stufe nimmt die reine Prophetenseele ein, die sich vollständig in der Feinstofflichkeit der verborgenen Welt niedergelassen hat.

Bei den Tieren gibt es im Prinzip zwei Arten von Seelen: Manche sind so primitiv, dass sie sich einzig auf ihre Sinnesorgane stützen und über kein Gedächtnis verfügen, mit dessen Hilfe sie sich Dinge vorstellen können. Und da sie über eine reine Wahrnehmungsseele ohne Vorstellungsvermögen verfügen, befinden sie sich auf der niedrigsten Seelenebene.

Andere Tiere können hingegen sehr wohl ihre Sinneseindrücke in ihrem Gedächtnis behalten und wenn sie dann eine schon bekannte Sache sehen, erkennen sie sie wieder, erinnern sie sich daran und können Bezüge zu dieser herstellen und sich manchmal eine Vorstellung davonmachen, was als nächstes passieren wird. Solche Tiere haben die Seelenebene der reinen Wahrnehmung überschritten und verfügen zusätzlich zur Wahrnehmungsseele auch über eine Vorstellungsseele.

Die Motte ist ein Beispiel für ein Tier, das nur über eine reine Wahrnehmungsseele verfügt. Sie stützt sich ausschließlich auf ihre Sinnesorgane und kann sich nichts merken. Wenn sie ein Feuer sieht, meint sie, die Lichtquelle ihres persönlichen Heils gefunden zu haben und fliegt schnurstracks darauf zu. Und wenn sie dabei ihr Ziel verfehlt und nicht dem Feuer zum Opfer fällt, versengt sie sich doch zumindest ihre Flügel daran. Zurück in der Dunkelheit erblickt sie das Feuer erneut und da sie sich an nichts davon erinnern kann, was zuvor geschehen ist, kann sie auch keinen Bezug zwischen ihren versengten Flügeln und dem Feuer herstellen und sich keine Vorstellung davonmachen, was wohl als nächstes passieren könnte. Daher steuert sie erneut auf das Feuer zu und versengt sich abermals die Flügel. Und dies geht solange weiter, bis sie dem Feuer schließlich zum Opfer gefallen ist.

Der Hund ist hingegen lernfähig: Sobald er auch nur ein einziges Mal mit einem Stock geschlagen wurde, reicht schon der pure Anblick eines Stocks in der Hand eines Menschen aus und er stellt sofort Bezüge zu jenen Schlägen her, die er einst bezogen hat. Und da er sich dann lebhaft vorstellen kann, was als nächstes passieren wird, bleibt er lieber auf Distanz zu dem stocktragenden Menschen.

Über diesen beiden Arten der Tierseele steht die Vernunftseele. Sie ist es, die den Unterschied zwischen Mensch und Tier ausmacht, weil sie nicht nur dazu in der Lage ist, sich Dinge zu merken und anschließend Bezüge zwischen ihren momentanen Sinneswahrnehmungen und jenen Dingen herzustellen, die sie in ihrem Gedächtnis gespeichert hat, sondern sich darüber hinaus auch mehrere - oftmals vollkommen konträre - Vorstellungen davonmachen kann, was nun als nächstes passieren könnte.

Die Vernunftseele kann also mehrere mögliche Folgen hinter ein und demselben Vorgang erkennen und daraus ganz unterschiedliche Schlüsse ziehen. Wenn dann ein Mensch beispielsweise einen Stock in der Hand eines anderen sieht, macht er sich ganz verschiedene Vorstellungen davon, was dieser wohl mit seinem Stock anstellen könnte, wägt diese Vorstellungen anschließend je nach Situation gegenseitig ab und schlussfolgert dann, was als nächstes passieren könnte. Und im Gegensatz zum Hund kommt er hierbei dann nicht zwangsläufig zu dem Schluss, dass er jetzt gleich Schläge beziehen wird, nur weil er zuvor schon einmal Schläge von einem Stock bezogen hat, sondern er kann zwischen Blindenstock, Krückstock und Knüppel wohl unterscheiden...

Über der Vernunftseele steht die nachdenkende Seele. Sie kann nicht nur Dinge mit den Sinnesorganen wahrnehmen, sich auf dieser Basis Vorstellungen machen und daraus gewisse Schlüsse ziehen, sondern darüber hinaus auch komplexe Gedanken zu abstrakten Vorgängen solange logisch aufeinander aufbauen, bis sie zu wahrlich erstaunlichen

Erkenntnissen gelangt. Wenn man solch eine Seele mit dem richtigen Wissen füttert, kann sie darauf aufbauend immer tiefer in die Materie der verborgenen Welt einsteigen und so ihren Herrn immer klarer erkennen.

Die höchste Form der Seele ist schließlich die reine Prophetenseele. Sie ist den Propheten und Auserwählten unter den Gottesfreunden eigen und bekommt vom Erhabenen Allahﷻ Einblicke in die Welt der verborgenen Dinge und der jenseitigen Welt gewährt. Hierauf gibt folgender Quranvers einen Hinweis, in dem der Erhabene Allahﷻ den Propheten Muhammed ﷺ anspricht:

„Und so haben Wir dir nach Unserem Gebot ein Wort offenbart. Weder wusstest du, was die Schrift noch was der Glaube ist. Doch Wir haben sie (die Offenbarung) zu einem Licht gemacht, mit dem Wir jenen Unserer Diener den Weg weisen, denen Wir wollen."[16]

Die Hierarchie der fünf Seelenebenen

---

16   42. Sura: Esch-Schura, Vers 52.

Nachdem wir nun die verschiedenen Seelenebenen dargestellt haben, wollen wir diese auf den Quranvers über die Lampe in der Nische übertragen:

Hierzu ist als erstes zu sagen, dass der Erhabene Allah das „Licht aller Lichter" (Nur el-Enwar) ist, was nichts Anderes bedeutet, als dass alles Licht – egal ob es sich dabei um das materielle Licht der sinnlichen Wahrnehmung oder das spirituelle Licht der Verstandeswahrnehmung handelt – bei Ihm seinen Ursprung hat.

Hierbei gibt der Erhabene Allah der Sonne das materielle Licht und diese verteilt es dann an die anderen Planeten, den Mond und die Sterne weiter und erhellt entweder indirekt über diese oder direkt über sich selbst unsere materielle Welt und macht es uns möglich, die materiellen Dinge mit unserem Auge wahrzunehmen.

Und das spirituelle Licht gibt der Erhabene Allah dem Propheten Muhammed und dieser ist dann auf der spirituellen Ebene den Menschen mit all ihren Seelenebenen eine „lichtspendende Leuchte" (Siradsch Munir), genauso wie es im Edlen Quran heißt:

„Und dass du (o Muhammed) die Menschen zu Allah rufest und ihnen eine lichtspendende Leuchte seist!"[17]

Der Prophet ist den Menschen also auf der spirituellen Ebene genauso eine rechtleitende Sonne des Herzens, wie der Feuerball am Firmament den Menschen auf der materiellen Ebene eine Sonne des Augenlichts ist. Er erhält das spirituelle Licht vom Erhabenen Allah, um es dann an die Seelen weiter zu verteilen und die Sonne erhält das materielle Licht vom Erhabenen Allah, um es an die Körper weiter zu verteilen...

Egal ob es sich also um spirituelles oder materielles Licht handelt, alle Arten des Lichts haben ihren Ursprung beim Erhabenen Allah.

---

17   33. Sura: El-Ehzab, Vers 46.

Dieser gibt das materielle Licht an die Sonne der Welt und das spirituelle Licht an die Sonne der Herzen weiter. Und diese verteilen es dann an die restliche Schöpfung, wobei manche dieser beleuchteten Geschöpfe dazu in der Lage sind, das Licht ihrerseits wieder weiter zu verteilen, andere hingegen nicht.

Nun also zu unserer Nische des Lichts: Diese Nische symbolisiert die materielle Welt und die Wahrnehmungsfähigkeit der Tierseele. Sie bildet den Rahmen der grobstofflichen Sinneswahrnehmung und des darauf aufbauenden Handelns des Menschen, das ja zuallererst aus der Deckung seines täglichen Bedarfs und des Schutzes vor äußeren Gefahren besteht. Die Nische bildet außerdem die äußeren Begrenzungen des menschlichen Vorstellungsvermögens, die darin bestehen, dass er sich nur Dinge vorstellen kann, die irgendwie einen Bezug zu seiner Sinneswahrnehmung der äußeren Welt haben.

In dieser Nische steht eine Lampe, die von Glas umgeben ist. Und damit das Licht der Lampe das Glas überhaupt durchdringen kann, muss dieses solange poliert werden, bis es von allen Unreinheiten gesäubert und also glasklar ist. Das Glas symbolisiert hierbei die Ebene der Vorstellungsseele. Diese muss solange von allen falschen Vorstellungen gereinigt werden, bis die Gedanken des Menschen genauso klar wie poliertes Glas sind und dem Licht der Lampe ungehindert Durchlass gewähren. Dies geschieht mithilfe des Wissens und des Gottgedenkens. Das Wissen hilft uns hierbei, unsere Vorstellungen mit der göttlichen Offenbarung abzuklären und das Gottgedenken hilft uns dabei, unser Herz vom Belag jenes Sündenschmutzes zu reinigen, der sich daran durch unser falsches Verhalten niedergeschlagen hat.

Die Lampe symbolisiert die Vernunftseele. Diese erkennt die Wiederspiegelungen der göttlichen Eigenschaften im Wirken des Erhabenen Allah﷾ in Seiner Schöpfung. Ihren Brennstoff bezieht diese Lampe vom Öl des gesegneten Ölbaums. Dieser Ölbaum steht für die nachdenkende Seele, die die Gedanken der Vernunftseele miteinander verknüpft und zu immer neuen erleuchtenden Schlüssen kommt und hierdurch den Erhabenen Allah﷾ „schaut". Hierbei ist jeder Gedanke wie eine der Oliven des gesegneten Ölbaums: Sobald man einer Olive das lichtbringende Öl entnommen hat, entspringen dem Segen des Ölbaums zwei neue Oliven, deren Öl wiederum zu einer Vermehrung des Erkenntnislichts führt. Wenn nun die Seele von den irreleitenden Eindrücken der Triebseele befreit wurde, setzt sich diese segensreiche Gedankenvermehrung immer weiter fort und die nachdenkende Seele verfällt in die Schau der göttlichen Wirklichkeit jener Dinge, deren wahres Wesen uns in der materiellen Welt normalerweise verschleiert ist.

Oder anders ausgedrückt: Die nachdenkende Seele hat sich von der Grobstofflichkeit und Materialität der Triebseele befreit und kann deshalb in die Welt der verborgenen Dinge emporsteigen, dort die reinen Urbilder der verschleierten weltlichen Abbilder entdecken und dahinter deren wahren Daseinszweck und den damit verbundenen Willen des Erhabenen Allah﷾ erkennen.

Auf der höchsten Seelenebene befindet sich die reine Prophetenseele. Sie ist gleichbedeutend mit dem reinen Öl des gesegneten Olivenbaums. Sie hat sich dauerhaft in der feinstofflichen Welt der verborgenen Dinge niedergelassen und nichts mehr mit der grobstofflichen Welt der materiellen Dinge zu schaffen. Sie ist jederzeit auf den Erhabenen Allah ﷾ ausgerichtet und ihre Nähe zum Licht aller Lichter ist so groß, dass sich ihr Öl fast schon von selbst entzündet, ohne dass hierfür überhaupt noch ein göttlicher Funke vonnöten wäre. Dieser göttliche Funke besteht aus jenen Offenbarungen, die der Erhabene Allah ﷾ Seinen Propheten eingibt oder jenen Eingebungen, die der Erhabene Allah ﷾ durch Vermittlung seiner Propheten den Gottesfreunden zuteilwerden lässt.[18] Sobald eine solche Seele eine göttliche Eingebung oder Offenbarung erhält, fängt sie Feuer und erhellt die Lampe mit göttlichem Licht. Ihr

---

18 Hierbei erhalten die Propheten göttliche Offenbarung, die Gottessfreunde aber göttliche Eingebungen. Und der Aufstieg der eingebungsgetränkten Seelen der Gottesfreunde endet dort, wo der Aufstieg der offenbarungsgeschwängerten Prophetenseelen beginnt.

Licht dringt ungehindert durch das - von allen falschen Vorstellungen vollständig gereinigte - Glas der Lampe und sorgt dafür, dass die Nische in seinem Schein erstrahlt.

In diesem Zustand ist die gesamte Seelenwelt des Menschen auf all ihren fünf Ebenen von göttlichem Licht durchflutet und steht fortwährend unter dem Einfluss göttlicher Eingebungen. Diese erleuchten seinen Verstand, lassen ihn den göttlichen Willen erkennen und führen dazu, dass auch all seine Sinneswahrnehmungen und Vorstellungen unter dem Einfluss der göttlichen Erkenntnis und der Befolgung des göttlichen Willens stehen und er die Welt im Schein des Lichts der göttlichen Wahrheit hinter den Dingen begreift. Damit ist der Stromkreis geschlossen und der gesamte Organismus des Menschen ist - von seinen niedrigsten tierischen Instinkten bis hinauf zu seinen höchsten Gedanken - von göttlicher Erkenntnis durchflutet und stellt sich dann wie von selbst in den Dienst des Erhabenen Allah ﷻ und handelt gemäß Seines Willens.

Dies ist jener Zustand der Propheten und auserwählten Gottesfreunde, der vom Erhabenen Allah ﷻ folgendermaßen beschrieben wird:

„Wer einen Meiner Freunde als Feind behandelt, dem habe Ich bereits den Krieg erklärt. Und nicht nähert sich Mir einer Meiner Diener mit einer Sache, die Ich liebe und ihm zur Pflicht gemacht habe, und nicht lässt einer Meiner Diener nicht davon ab, freiwilligen Gottesdienst zu verrichten, außer dass Ich ihn liebe. Und wenn Ich ihn dann liebe, werde Ich zu seinem Hören, mit dem er hört und zu seinem Blicken, mit dem er blickt und zu seiner Hand, mit der er greift und zu seinem Fuß, mit dem er geht. Und wenn er Mich dann um etwas bittet, gebe Ich es ihm und wenn er seine Zuflucht bei Mir sucht, gewähre Ich sie ihm und handle ihm niemals zuwider. Ich handle aus ihm heraus und zögere damit, ihm das Leben zu nehmen, denn ihm widerstrebt der Tod und Mir widerstrebt es, ihm Schlechtes zu tun!"[19]

---

19   El-Bukhari: Er-Riqaq: Et-Tewadu; Nr. 6502; Ahmed Bin Hanbel: El-Musned: Musnedu Siddiqeti A'ischa ﵂, Nr. 26193.

Die drei Ebenen des Glaubens

Der enge Prophetengefährte Umer Bin el-Khattab ﷜ berichtet: *„Als wir eines Tages mit dem Gesandten Allahs ﷺ zusammensaßen, trat auf einmal ein Mann mit schneeweißer Kleidung und pechschwarzem Haar zu uns heran. Man konnte an ihm keine Spuren einer Reise erkennen und es kannte ihn auch niemand von uns. Er setzte sich so vor den Propheten ﷺ, dass seine Knie die Knie des Gesandten n berührten und legte seine Handflächen auf seine Oberschenkel. Dann sprach er: „O Muhammed! Erzähle mir vom Islam!"*

Der Gesandte Allahs ﷺ erwiderte ihm: *„Islam bedeutet, dass du bezeugst, dass es keine Gottheit neben Allah gibt und dass Muhammed der Gesandte Allahs ist, dass du das Pflichtgebet verrichtest, die Armensteuer entrichtest und im Ramadan fastest. Und dass du zum Hause Allahs pilgerst, wenn du (körperlich und finanziell) dazu in der Lage bist."*

Und als der Mann da sagte: *„Du hast die Wahrheit gesprochen!"*, wunderten wir uns sehr darüber, dass er ihn erst befragte und ihm dann Recht gab.

Der Mann fragte weiter: *„Erzähle mir vom Iman!"*

Der Gesandte Allahs ﷺ erwiderte ihm: *„(Iman ist), dass du an Allah, Seine Engel, Seine Bücher, Seine Propheten und die Auferstehung (des Jüngsten Tages) glaubst und daran, dass sowohl das Gute als auch das Schlechte (vom Erhabenen Allah ﷻ) vorherbestimmt sind."*

Da sagte der Mann: *„Du hast die Wahrheit gesprochen!"* und sprach dann: *„So erzähle mir nun vom Ihsan!"*

Der Gesandte ﷺ antwortete ihm: „*(Ihsan ist), dass du Allah so anbe-test, als ob du Ihn sehen könntest. Und auch wenn du Ihn nicht sehen kannst, wahrlich so sieht doch Er dich!*"[20]

Jener Mann, der den Propheten ﷺ hier befragte, war kein Geringerer als der Offenbarungsengel Dschibril ﷺ, der dem Propheten ﷺ und seinen Gefährten ﷺ an jenem Tag in Menschengestalt erschienen war. Deshalb nennt man diese Überlieferung auch „Dschibril-Hadith".[21] Dschibril ﷺ suchte den Propheten ﷺ in der Prophetenmoschee in Medina auf, damit er seinen Gefährten und allen späteren Muslimen darlegte, dass der Islam auf den drei Grundpfeilern Islam, Iman und Ihsan beruht. Alle drei Pfeiler zusammengenommen stützen das Gebäude des Islam und wenn man einen von ihnen herauszulösen versucht, stört man das wohlausbalancierte Gleichgewicht und das gesamte Gebäude des Islam gerät ins Wanken und droht einzustürzen.

Im Folgenden wollen wir nun etwas näher auf diese drei Grundpfeiler des Islam eingehen:

---

20   Muslim: El-Iman, Nr. 8.
21   Eine Hadith ist ein Ausspruch des Gesandten Muhammed ﷺ, der uns von dessen Gefährten ﷺ überliefert wurde.

Islam

Islam bedeutet wörtlich „Ergebenheit, Hingabe" und wer den Islam annimmt, ist ein „Muslim", also einer, der sich dem Erhabenen Allahﷻ ergeben und sich Seinen Geboten unterworfen hat. In der oben genannten Hadith erklärt der Prophet Muhammed ﷺ – dass die Unterwerfung unter den Erhabenen Allahﷻ in fünf Gehorsamstaten unterteilt ist: Das Aussprechen des Glaubensbekenntnisses, die Verrichtung des Pflichtgebets, die Entrichtung der Armensteuer, das Fasten im Monat Ramadan und der Vollzug der Pilgerreise nach Mekka. Diese fünf Arten des Gottesdienstes werden auch als „fünf Säulen des Islam" bezeichnet. Diese sollen im Folgenden näher erläutert werden.

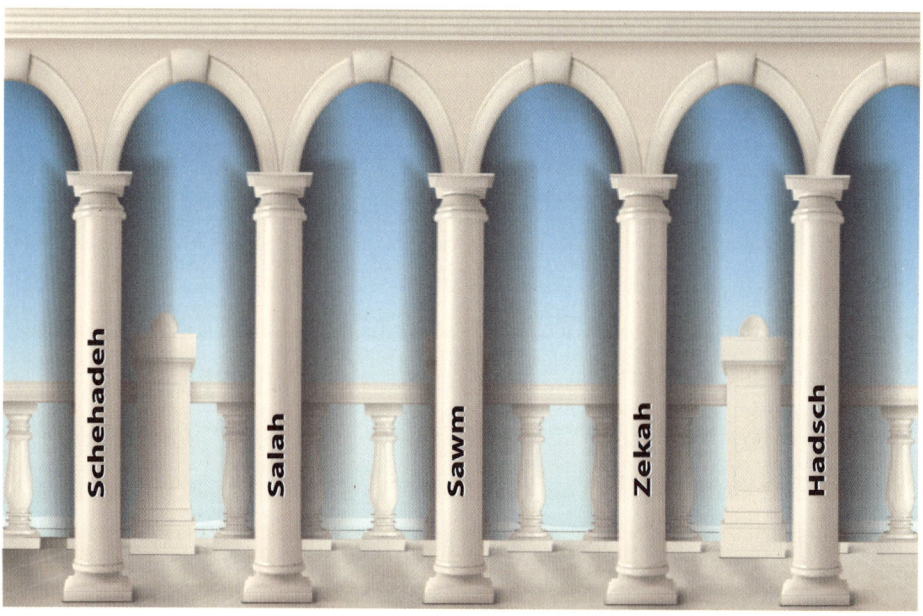

Die fünf Säulen des Islam

Das Glaubensbekenntnis

Das Glaubensbekenntnis des Islam besteht eigentlich aus zwei Glaubensbekenntnissen: Dem Bekenntnis zur Einheit und Einzigartigkeit des Erhabenen Allah﷾ (Tewhid) und dem Bekenntnis zur Gesandtschaft des Propheten Muhammed ﷺ.

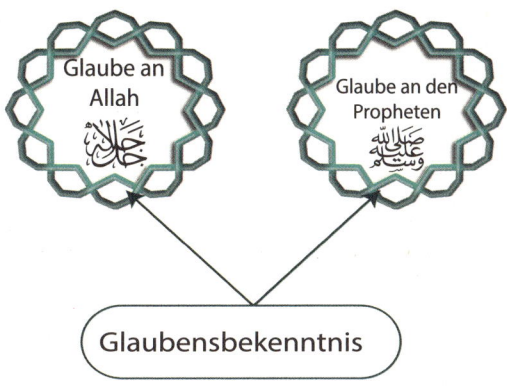

Die beiden Glaubensbekenntnisse

Das Einheitsbekenntnis lautet: „Ich bezeuge, dass es keine Gottheit neben Allah﷾ gibt!" Es wird auch als „Verneinung und Bestätigung" bezeichnet, denn in ihm bestätigt man die Existenz Allahs und verneint die Existenz jeglicher anderer Gottheiten neben Ihm.

Und das Bekenntnis zum Gesandten Muhammed ﷺ lautet: „Ich bezeuge, dass Muhammed der Diener und Gesandte Allahs ist". Mit dem Zusatz „Diener" sollte von Anfang an ausgeschlossen werden, dass die Muslime denselben Fehler begehen, wie die Angehörigen anderer Religionsgemeinschaften, die ihren Propheten so viel Liebe und Wertschätzung entgegenbrachten, dass sie schließlich die Grenzen des Erlaubten überschritten und ihnen göttliche Attribute beilegten.

Erst wenn man beide Glaubensbekenntnisse ausspricht und bezeugt, dass es keine Gottheit neben Allah﷾ gibt und der Prophet Muhammedﷺ Sein Gesandter ist, wird man zum Muslim. Und hierbei reicht es nicht aus, diese Worte nur mit seiner Zunge auszusprechen, sondern sie müssen zusätzlich dazu auch mit dem Herz bestätigt werden. Denn der Ort des Glaubens ist das Herz und nicht die Zunge.

Wer hingegen nur das Einheitsbekenntnis spricht, ohne daran zu glauben, dass der Prophet Muhammedﷺ der Diener und Gesandte Allahs﷾ ist, ist noch kein Muslim, weil der Glaube an alle Propheten[22] zu den essenziellen Glaubensgrundlagen des Islam gehört[23] und mit dem Glauben an den Propheten Muhammedﷺ der Glaube an dessen Glaubens- und Rechtslehre einhergeht.

Da der Ort des Glaubens also nicht die Zunge des Menschen, sondern sein Herz ist, muss das Aussprechen der beiden Glaubensbekenntnisse mit dem Herz bestätigt werden, damit der Glaube gültig ist. Sobald der Muslim den Glauben an Allah﷾ und Seinen Gesandtenﷺ im Herz trägt, akzeptiert ihn der Erhabene Allah﷾ als Gläubigen und wenn er sich seinen Herzensglauben über seinen Tod hinweg bewahren kann, wird er für immerdar zur Schar der Gläubigen gezählt werden und darf am Tage des Gerichts gemeinsam mit den anderen Gläubigen ins Paradies einkehren.

Das Glaubensbekenntnis auszusprechen und in seinem Inneren daran zu glauben, ist das größte Gottesgeschenk, das es gibt. Denn wir können dies nur, wenn uns der Erhabene Allah﷾ dies erlaubt und dies mit Seinem Willen übereinstimmt. Er ist der eigentlich Handelnde bei diesem Vorgang, Jener, Der unsere Tat erst möglich macht.

---

22 Dies widerlegt die Ansicht jener, die glauben, dass auch Christen und Juden – nachdem der Prophet Muhammedﷺ entsandt wurde und nachdem sie von dessen Existenz Kenntnis erhielten – nach ihrem Tod ins Paradies eintreten dürfen, sofern sie doch nur daran geglaubt haben, dass es nur einen einzigen Gott gibt, ohne aber daran geglaubt zu haben, dass Muhammedﷺ Sein Diener und Gesandter war.

23 Siehe hierzu den Abschnitt über die Glaubensgrundsätze (Iman) des Islam in diesem Büchlein.

Er ist es, Der uns den Glauben ins Herz legt und uns diesen bezeugen lässt. Wenn Er für uns etwas anderes vorgesehen hat, dann können wir noch so viel Sympathie für den Islam haben, noch so sehr davon überzeugt sein, dass dies alles der Wahrheit entspricht, wir werden doch solange immer wieder neue Gründe dafür finden, das Glaubensbekenntnis nicht auszusprechen und dieses nicht mit unserem Herzen zu bezeugen - weil wir beispielsweise die gesellschaftlichen Konsequenzen fürchten oder nicht darauf verzichten wollen, weiterhin Alkohol zu trinken oder wechselnde Partnerschaften einzugehen - bis wir schließlich ohne Glauben versterben. Und davor suchen wir unsere Zuflucht beim Erhabenen Allah ﷻ !

Wenn wir aber den Glauben annehmen, hat uns der Erhabene Allah ﷻ hierfür nicht nur das ewige Leben im Paradies versprochen, sondern Er gibt den neuen Muslimen außerdem noch ein ganz besonderes Willkommensgeschenk mit auf den Weg, **„denn deren schlechte Taten, (die sie bis dahin begangen haben), wird Allah in gute Taten umwandeln. Und Allah ist allverzeihend, barmherzig."**[24]

Sobald ein Mensch das Geschenk des Glaubens erhalten hat, breiten sich in seinem Herz Freude und Erleichterung aus. Er fühlt sich frei und leicht und sieht die Welt auf einmal mit ganz anderen Augen. Dies kommt daher, dass er nun vom Erhabenen Allah ﷻ als Angehöriger der Religion Seines letzten Propheten Muhammed ﷺ akzeptiert und deshalb von Ihm geliebt wird. Die Liebe und Fürsorge des Erhabenen Allah ﷻ breiten sich im Herz des neuen Muslims aus und sorgen dafür, dass dieser sich danach zu sehnen beginnt, die Liebe Seines Herrn zu erwidern.

Zu Beginn seines Wegs macht der Erhabene Allah ﷻ dies dem neuen Muslim besonders leicht, indem Er ihm jenes Handeln vereinfacht, das ihn Seine Liebe verdienen lässt. Und so fällt es dem neuen Muslim - wie von unsichtbarer Hand geführt - auf einmal ganz leicht, viele jener

---

24   25. Sura: El-Furqan, Vers 70.

Gewohnheiten aufzugeben, die bis dahin ein elementarer Bestandteil seines Lebens gewesen, im Islam aber verboten sind.

Und wenn er sich von dieser unsichtbaren Kraft willig in die richtige Richtung ziehen lässt, beginnt er schon bald damit, Genuss daran zu empfinden, sich von seinen Altlasten zu befreien und sich von verbotenen Dingen fernzuhalten. Und jedes Mal, wenn er dann einen weiteren Schritt auf seinen Herrn zumacht, steigern sich seine Liebe und seine Nähe zu seinem Herrn und er will immer noch mehr des Geschmacks dieser Liebe, dieser Nähe und dieses Wohlgefallens seines Herrn im Herzen spüren.

Dieser euphorische Zustand zu Beginn des göttlichen Pfades ist ebenfalls eines jener vielen Gottesgeschenke, die der neue Muslim zu Beginn seines Wegs vom Erhabenen Allahﷻ erhält. Denn da er in dieser Zeit noch nicht dazu in der Lage ist, auf eigenen Beinen zu stehen, setzt ihn der Erhabene Allahﷻ quasi wie ein kleines hilfloses Baby in einen Maxi-Cosi und trägt ihn darin über alle Stolpersteine und Anfangsschwierigkeiten hinweg.

Diese Anfangseuphorie dauert aber natürlich nicht ewig an. Auch Babys wachsen heran und müssen irgendwann auf eigenen Beinen stehen. Deshalb sollte der neue Muslim diese besondere Fürsorge seines Herrn zu Beginn seines Wegs gut für sich nutzen und keine Zeit dabei verlieren, die Glaubensgrundsätze des Islam, die Regeln des Gebets und das Quranlesen zu erlernen und jene Quransuren und Gebetsformeln auswendig zu lernen, die er für die Verrichtung der täglichen Gebete benötigt.

Nach einer Weile beginnt diese Euphorie allmählich etwas abzuebben, denn nun erwartet der Erhabene Allahﷻ von dem neuen Muslim, dass er damit beginnt, seinen Maxi-Cosi zu verlassen und auf eigenen Beinen zu stehen. Wenn er sich bis zu diesem Zeitpunkt noch nicht die notwendigen Grundkenntnisse des Islam zugelegt und die Erledigung seiner Glaubenspflichten angewöhnt hat, wird es nun etwas schwieriger für ihn, dies zu tun, denn er bekommt zwar immer noch genug göttlichen Beistand hierbei, aber eben nicht mehr ganz so viel, wie in der Zeit der Anfangseuphorie.

Überhaupt ist es für den neuen Muslim sehr wichtig, rasch damit zu beginnen, seinen Pflichten gegenüber seinem Herrn nachzukommen und hierdurch seinen Glauben zu stärken und seine aufrichtige Absicht zu bekräftigen. Denn sein Glaube kann nur wachsen und stark und fest werden, wenn er regelmäßig betet und sich konsequent von den verbotenen Dingen fernhält. Tut er dies nicht, läuft er Gefahr, dass das Licht des Glaubens langsam in seinem Herz verblasst und an dessen Stelle teuflische Einflüsterungen, Glaubenszweifel und der Drang nach verbotenen irdischen Vergnügungen in seinem Herz Einzug halten. Im Edlen Quran heißt es hierzu: **„Wahrlich hält das Gebet davon ab, schändliche und abscheuliche Dinge zu tun!"[25]**

Und dies ist auch ganz natürlich: Denn während der Teufel vor seiner Annahme des Islam der beste Freund des neuen Muslims war und stets Hand in Hand mit diesem unterwegs war, ist er nun zu seinem Erzfeind geworden, der sich ihm bei jeder Gelegenheit in den Weg stellt und nichts unversucht lässt, ihn wieder vom Weg des Gehorsams gegenüber dem Erhabenen Allah abzubringen. Und auch die Triebseele des neuen Muslims ist nicht gerade erfreut darüber, dass sie nun nicht mehr uneingeschränkt über diesen herrschen darf, sondern sich auf einmal den Geboten des Erhabenen Allah beugen und sich vor Diesem im Gebet niederwerfen soll. Und deshalb hört sie nur zu gern auf die Einflüsterung des Teufels und macht sich willig zu dessen Erfüllungsgehilfen dabei, den neuen Muslim wieder vom rechten Weg abzubringen und in sein altes sündhaftes Leben zurückzuführen...

---

25   29. Sura: El-Ankebut, Vers 45.

Das Gebet

Alle Lebewesen wurden dazu erschaffen, den Erhabenen Allah⹁ anzubeten. Und sie alle kommen dieser Aufforderung nach, ohne überhaupt auch nur eine Sekunde daran zu zweifeln, dass dies nicht ihre Bestimmung sein könnte. Die Bäume beten den Erhabenen Allah⹁ beispielsweise an, indem sie ihre Äste gen Himmel strecken, die Tiere, indem sie sich vor Ihm verneigen und die Engeln, indem manche von ihnen fortwährend in der Gebetsniederwerfung liegen, andere den Erhabenen Allah⹁ immerdar lobpreisen und wieder andere willig Seine Befehle ausführen.

Sie alle können nicht anders als ihrer Bestimmung zu folgen. Sie haben keinen freien Willen, der sie davon abhalten und keine Verstandesseele, die sie zu anderen Gedanken verleiten könnte. Nur bei den Menschen und Dschinnen[26] ist dies anders: Da ihnen Verstand und freier Wille gegeben wurden, haben sie die Wahl, sich entweder für oder gegen ihre Bestimmung, also für den Gehorsam oder gegen den Gehorsam gegenüber dem Erhabenen Allah⹁ zu entscheiden. Deshalb weist sie Dieser im Edlen Quran darauf hin, woraus sie ihre Existenzberechtigung beziehen: **„Und Ich habe die Dschinnen und die Menschen nur dazu erschaffen, Mir zu dienen."[27]**

Folgt der Mensch seiner Bestimmung, kann er noch höhere Rangstufen bei Allah⹁ erreichen als die Engel, folgt er ihr hingegen nicht, fällt er unter den Rang aller anderen Lebewesen hinab und nimmt die niedrigste Rangstufe aller Lebewesen im Universum ein: **„Und wahrlich haben Wir viele Dschinnen und Menschen erschaffen, deren Ende das Höllenfeuer ist! Sie haben Herzen, mit denen sie nicht begreifen**

---

26 „Dschinnen" sind Wesen, die aus Feuer erschaffen wurden. Der Mensch kann sie nicht sehen, da sie in einer Art Paralleldimension zu ihm leben. Unter ihnen gibt es genauso Muslime und Nichtmuslime, wie es diese unter den Menschen gibt.

27 21. Sura: Edh-Dhariyat, Vers 56.

und Augen, mit denen sie nicht sehen und Ohren, mit denen sie nicht hören; sie sind wie das Vieh; nein, sie irren noch weiter (vom Weg) ab. Sie sind gewiss unbedacht."[28]

Jeder erwachsene Muslim[29], der im Besitz seiner Verstandeskräfte ist, ist dazu verpflichtet, die fünf täglichen Pflichtgebete zu verrichten. Der Erhabene Allahﷻ sagt dazu im Edlen Quran: **„Wahrlich ist das Gebet für die Gläubigen eine für bestimmte Zeiten festgesetzte Vorschrift."**[30]

Dies gilt natürlich auch für den neuen Muslim, der mit dem Eintritt in den Islam unmittelbar dazu verpflichtet ist, die Pflichtgebete zu verrichten. Da er anfangs noch nicht alleine dazu in der Lage ist, sollte er sich einer Dschema'ah[31] anschließen und versuchen, so viele seiner Pflichtgebete hinter einem Vorbeter zu verrichten, wie überhaupt nur möglich. Denn hierbei reicht es aus, die Bewegungsabläufe des Gebets nachzuvollziehen und es ist nicht notwendig, selbst aus dem Edlen Quran rezitieren zu können.

Gläubige beim Gemeinschaftsgebet vor der Kaaba in Mekka

---

28   7. Sura: El-A'raf, Vers 179.

29   Im islamischen Recht gilt ein Junge als erwachsen, sobald er seinen ersten Samenerguss gehabt hat, ein Mädchen, sobald ihre Periode zum ersten Mal eingetreten ist. Geschieht dies nicht bis zur Erreichung des 15. Lebensjahres, dann gilt man auch ohne Samenerguss oder Eintritt der Periode als Erwachsener. Dabei gilt es zu beachten, dass die islamische Zeitrechnung nach Mondjahren erfolgt.

30   4. Sura: En-Nisa, Vers 103.

31   Eine Dschema'ah ist eine Gruppe von Muslimen, die gemeinsam betet. Siehe zu dieser Thematik auch den Abschnitt: „Von der Notwendigkeit, sich einer Dschema'ah anzuschließen" in diesem Büchlein.

Um aber alleine das Pflichtgebet oder freiwillige Gebete verrichten zu können, ist es für jeden neuen Muslim unerlässlich, sich so bald als möglich daran zu machen, die Rezitation einiger kurzer Quransuren und die Abläufe des Gebets zu erlernen, um seiner Pflicht gegenüber dem Erhabenen Allah﷾ nachkommen zu können. Diese Art des Wissenserwerbs hat absoluten Vorrang vor allen anderen Arten des Wissenserwerbs, denn das fünfmal tägliche Pflichtgebet ist die wichtigste aller gottesdienstlichen Handlungen. Der Gesandte ﷺ sagte dazu: *„Wisset, dass die beste eurer Taten das Gebet ist."*[32]

Das Gebet ist deshalb die beste aller Glaubenstaten, weil sie jene Glaubenspflicht ist, die am kontinuierlichsten - nämlich fünfmal am Tag - ausgeübt wird. Und wenn sich der Muslim seinem Herrn im Gebet unterwirft, dann tut er dies nicht nur mit seinem Körper, sondern auch mit seiner Triebseele und kann Diesem so am besten und schnellsten näherkommen. Denn erst wenn er sich mit seinem Körper vor seinem Schöpfer beugt und niederwirft, beginnt auch seine Triebseele damit, sich vor Ihm zu verbeugen und niederzuwerfen und hierbei Seine Allmacht und Allfähigkeit zu akzeptieren und sich seine eigenen Ohnmacht und Unfähigkeit einzugestehen.

Die körperliche Unterwerfung färbt außerdem auch auf die Seele ab und führt dazu, dass sich diese zusammen mit dem Körper vor dem Erhabenen Allah﷾ beugt und niederwirft und hierbei in jenen Zustand zurückkehrt, aus dem sie einst aus der Seelenwelt in diese Welt gekommen ist. Wenn dem Gläubigen dann nach einer Weile die Gebetsabläufe und die Rezitation des Edlen Quran in Fleisch und Blut übergegangen sind, kann er sich auf die Verbeugung und Niederwerfung seiner Seele konzentrieren und diese wird zunehmend Geschmack an der physischen Unterwerfung des Körpers finden, wobei sich ihre Freude am Gottesdienst und ihre Dankbarkeit gegenüber dem Erhabenen Allah﷾ von Gebet zu Gebet steigern.

---

32 Ibn Madscheh: Sunen: Kitabu Tahareti we Sunnetiha, Nr. 277.

Indem die Triebseele an das Gebet gewöhnt wird, findet auch diese zunehmend Geschmack daran und entwickelt so etwas wie ein Pflichtgefühl gegenüber dem Gebet. Und wenn dann die Gebetszeit näher rückt, ergreift den Gläubigen eine innere Unruhe, die ihn solange nicht mehr verlässt, bis er schließlich seine Pflicht gegenüber seinem Herrn erfüllt hat. All dies führt dazu, dass die Gottesfurcht des neuen Muslims von Mal zu Mal steigt und dieser sich schon bald gar nicht mehr vorstellen kann, eine Gebetszeit verstreichen zu lassen, ohne seine Pflicht gegenüber dem Erhabenen Allahﷻ erfüllt zu haben.

Kurz gesagt ist es so: Hält sich der Mensch an die göttliche Vorschrift, sein Pflichtgebet fünfmal am Tage zu verrichten, wird sein Glaube stark und fest und alles wird gut. Hält er sich hingegen nicht daran, läuft er Gefahr, den göttlichen Segen zu verlieren und am Tage des Gerichts zu jenen zu gehören, die im Verlust sind. Der Prophetﷺ sagte hierzu: *„Wahrlich wird am Tage des Gerichts als erste der Taten des Menschen das Gebet abgerechnet. Und da spricht der Erhabenen Allah zu den Engeln – und Er kennt (ihre Antwort) am besten: „Überprüft das Gebet Meines Dieners darauf, ob es vollständig oder unvollständig ist!" Wenn es dann vollständig ist, dann wird es als vollständig aufgeschrieben. Und wenn es ihm an etwas mangelt, dann spricht Er: „Schaut, ob bei ihm freiwillige Gebete vorhanden sind!" Wenn dann bei ihm freiwillige Gebete vorhanden sind, spricht Er: „Vervollständigt die Pflichtgebete Meines Dieners mit seinen freiwilligen Gebeten!" Anschließend werden seine (anderen) Taten auf dieselbe Weise behandelt."*[33]

---

33 Ebu Dawud: Es-Salah, Nr. 864.

Die Armensteuer (Zekah)

Wörtlich bedeutet „Zekah" sowohl „Zuwachs" als auch „Reinigung". Dieser Begriff wird für die Armensteuer verwendet, weil durch sie das Vermögen einer Person von Habgier, Neid und Ungerechtigkeit gereinigt wird. Der Erhabene Allahﷻ sagt hierzu im Edlen Quran: **„Nimm von ihrem Besitz eine Spende, um sie hierdurch zu reinigen und zu läutern und bete für sie!"[34]**

Das Geben der Zekah führt außerdem zu einem Zuwachs des sozialen Friedens im Diesseits und des göttlichen Lohns im Jenseits. Einkommensunterschiede zwischen den Menschen sind vom Erhabenen Allahﷻ gewollt. Mit Reichtum ist aber auch eine soziale Verpflichtung gegenüber den Armen verbunden, denn den Armen steht ein Anteil am Vermögen der Reichen zu. Die Zekah ist also kein Almosen, das der Reiche einem bittstellenden Armen aus persönlicher Gnade heraus überreicht, sondern der Arme hat ein Anrecht darauf, dass er aus dem Besitz des Reichen seinen Anteil erhält: **„Und an ihrem Vermögen besitzt der Bittende und der Mittellose ein Anrecht."[35]**

Die Armensteuer (Zekah): Der Arme erhält seinen Anteil am Vermögen des Reichen

---

34   9. Sura: Et-Tewbeh, Vers 103.
35   51. Sura: Edh-Dhariyat, Vers 19.

Wer die Armensteuer also nicht entrichtet, hat sich hierdurch den Besitz der Armen angeeignet und dies ist nicht erlaubt. Und alle Dinge, die mit unerlaubtem Besitz finanziert werden, verlieren den Segen und das Wohlwollen des Erhabenen Allah﷾ . Am Tage des Gerichts wird man dann nicht nur zur Rechenschaft gezogen, weil man sich unerlaubten Besitz angeeignet hat, sondern auch, weil man ein Gebot des Erhabenen Allah﷾ gebrochen hat.

Der Prophetengefährte Ibn Abbas ﷺ überliefert hierzu Folgendes: *„Auf der Brücke, die über das Höllental führt sind sieben Absperrungen aufgebaut. An der ersten Absperrung wird der Diener zum Glaubensbekenntnis befragt. Hat er dieses bei sich, so kann er das Hindernis passieren. Wenn er zur zweiten Absperrung kommt, wird er dort zu seinem Gebet befragt. Hat er dieses immer vollständig ausgeführt, so kann er auch dieses Hindernis überqueren. An der dritten Absperrung wird er zur Pflichtabgabe (Zekah) befragt. Hat er auch diese immer vollständig abgeführt, so kann er auch dieses Hindernis passieren. An der vierten Absperrung wird er zu seinem Fasten befragt. Wenn er die Zeiten des Pflichtfastens immer eingehalten hat, dann darf er auch dieses Hindernis passieren. An der fünften Absperrung wird er zur Pilgerfahrt befragt. Hat er auch diese ordnungsgemäß ausgeführt, so darf er auch dieses Hindernis überqueren. An der sechsten Absperrung wird er zur Umrah (kleine Pilgerfahrt) befragt. Hat er auch diese ausgeführt, so wird er zur siebten Absperrung durchgelassen. Dort wird er nach seinen Ungerechtigkeiten, (die er während seines Lebens gegenüber seinen Mitmenschen begangen hat), befragt. Hat er keine Ungerechtigkeiten begangen, so kann er passieren. Sonst aber wird (zu den Engeln) gesagt: „Prüft nach, ob er freiwilligen Gottesdienst verrichtet hat!" Hat er dann genug freiwilligen Gottesdienst verrichtet, (um die Ungerechtigkeiten, die er an seinen Mitmenschen begangen hat, damit aufzuwiegen), so darf er passieren und kann ins Paradies eintreten."*[36]

---

36   El-Khazin: Tefsir: Erläuterung zu Sura: En-Nebe, Vers 21. In: Band 6, Seite 351f.

Das Fasten im Monat Ramadan

Der Gesandte Allahsﷺ sagte: „*Jede (gute) Handlung eines Nachfahren Adems wird mit dem zehnfachen bis zum siebenhundertfachen ihres Werts entgolten. Der Erhabene Allahﷻ sprach: „Außer das Fasten, denn dieses ist (speziell) für Mich. Das werde Ich ihm (persönlich) entgelten, (denn) er enthält sich der sexuellen Begierde und der Speise (nur) für Mich!" Der Fastende (wird) zwei Freuden (erleben): Eine Freude beim Fastenbrechen und eine (weitere) Freude, wenn er auf seinen Herrn trifft. Und der Mundgeruch des Fastenden ist dem Erhabenen Allah lieber, als der Duft von Moschus.*"[37]

Das Pflichtfasten im Ramadan

---

37   Muslim: Es-Siyam: Fadlu Siyam, Nr. 1151.

Das Fasten im Monat Ramadan bringt einen großen Segen für den Gläubigen mit sich und erhöht sein Ansehen beim Erhabenen Allah. Der große Gelehrte Imam el-Ghazali (1058–1111) beschreibt in seinem Meisterwerk „Wiederbelebung der religiösen Wissenschaften" die Vorteile des Hungerns folgendermaßen: Das Fasten ist die beste Methode, die herrschsüchtige Triebseele zu bekämpfen, den Stolz zu brechen und die Begierden nach den irdischen Dingen aus dem Herz des Gläubigen zu verbannen. Dies führt dazu, dass man in seinem täglichen Handeln achtsamer wird, sich seinem Schöpfer zuwendet und sich nicht mehr gegen Diesen auflehnt. Weil man selbst während des Fastens an Hunger leidet, bekommt man Mitleid mit den Armen und Hungernden. Als der Prophet Yusuf gefragt wurde: *„Warum hungerst du, wo du doch alle Schätze dieser Welt in deiner Hand hältst?"*, entgegnete er: *„Ich fürchte, dass ich die Hungernden vergessen könnte, wenn ich mich satt esse!"*[38]

Der Gläubige wird durch das Erdulden des eigenen Hungers duldsamer gegenüber den eigenen Problemen und sensibler gegenüber den Sorgen und Nöten anderer. Und weil ihn das Erdulden des eigenen Durstes an jenen Durst erinnert, den die Gläubigen auf dem Versammlungsplatz vor dem Anbruch des Jüngsten Gerichts zu erdulden haben, wird er demütig und schreckt davor zurück, Sünden zu begehen.

Kurz gesagt wird das Herz des Gläubigen durch das Fasten gereinigt und es wird von Nächstenliebe erfüllt. Der Fastende beginnt, seine eigenen Interessen den Interessen der Gemeinschaft hintanzustellen. Das Fasten führt zu einer Distanz zwischen dem Gläubigen und seiner Triebseele, weil er lernt, ihren Wünschen zuwiderzuhandeln. Und je weiter sich der Fastende von seiner Triebseele entfernt, desto mehr löst er sich von den Anhaftungen an die irdische Welt, desto spiritueller wird er und desto näher kommt er seinem Schöpfer.[39]

---

38 El-Ghazali: „Ihya'u Ulumu Din": „Kesretu Schehweteyn", Band 3, S. 109.
39 Vgl. Ebd., Band 3, S. 105ff.

Die Pilgerfahrt zum Hause Allahs ﷻ (Hadsch)

Die Tradition der Pilgerfahrt geht bis auf den Propheten Ibrahim ﷺ zurück. Dieser baute die Kaaba wieder auf, die schon seit der Zeit Adems ﷺ bestand und zum Himmel erhoben wurde, als die Sintflut die Erde überflutete. Nachdem Ibrahim ﷺ die Kaaba gemeinsam mit seinem Sohn Ismail ﷺ fertiggestellt hatte, erteilte ihm der Erhabene Allah ﷻ mit folgenden Worten den Befehl, die Menschen zur Pilgerfahrt aufzurufen: **„Stelle Mir nichts zur Seite! Und reinige Mein Haus für jene, die es umschreiten und für die im Gebet Stehenden, sich Beugenden und sich Niederwerfenden. Und rufe die Menschen zur Pilgerfahrt. Lass sie zu dir kommen zu Fuß und auf allen möglichen flinken Reittieren, aus den fernsten Gegenden. Damit sie die Vorteile davon erfahren können und damit sie über dem Vieh, mit dem Wir sie versorgten, den Namen Allahs aussprechen, an den (zum Opfern) bestimmten Tagen. So esst davon und speist den notleidenden Armen. Dann sollen sie den Zustand der Enthaltsamkeit beenden, ihr Gelübde erfüllen und das altehrwürdige Haus umschreiten."[40]**

Pilger beim Umschreiten der Kaaba

---

40 22. Sura: El-Hadsch, Verse 26–29.

Der Segen der Pilgerfahrt ist groß: Wer sich auf ihr tadellos benimmt, ist danach genauso sündenfrei wie ein Neugeborenes. Dies wird vom Gesandten Allahsﷺ bestätigt: *„Wer die Pilgerfahrt ausführt, ohne sich dabei unsittlich zu benehmen oder zu versündigen, der kehrt (so rein) zurück, wie er an jenem Tage war, an dem ihn seine Mutter gebar."*[41]

Außerdem wird all jenen, die sich auf der Pilgerfahrt tadellos benehmen vom Erhabenen Allahﷻ das Paradies versprochen. Der Prophetﷺ sagte hierzu: *„Die Umrah nach einer Umrah*[42] *ist eine Buße für alles, was zwischen diesen beiden lag. Und für eine (von Allahﷻ) akzeptierte Hadsch gibt es keine andere Vergeltung als (den Eintritt ins) Paradies."*[43]

Der Ablauf der Pilgerfahrt

---

41   El-Bukhari: Kitabul Hadsch, 1449.
42   Die „Umrah" ist die kleine Pilgerfahrt, die außerhalb der Pilgersaison oder zusätzlich zur normalen Hadsch ausgeführt wird.
43   Muslim: Kitabul Umrah, 1683.

Auf Pilgerfahrt sollte man so viel Gottesdienst und gute Taten verrichten wie irgend möglich, denn dies wird hundertausendfach belohnt. El-Hasan el-Basri ﷺ sagte dazu: „Wenn man einen Tag (als Pilger) in Mekka fastet, ist dies, wie (wenn man) 100.000 Tage (gefastet hätte) und wenn man einen Dirhem als Almosen gibt, ist dies, wie (wenn man) 100.000 Dirhem (gespendet hätte). Und für alle anderen guten Taten (gibt es ebenfalls) das Hundertausendfache (ihres eigentlichen Werts)."[44]

Zur Pilgerfahrt gehört außerdem der Besuch der Prophetenmoschee mit dem Grabmal des Gesandten Allahs ﷺ in der leuchtenden Stadt Medina, denn Medina ist die zweitwichtigste Pilgerstätte für die Muslime, gleich nach der heiligen Stadt Mekka.[45] Der Gesandte ﷺ sagte hierzu: *„Sattelt eure Reitkamele nicht, außer für (die Reise zu) drei Moscheen: Die Mesdschid el-Haram (in Mekka), diese Moschee hier (in Medina) und die Mesdschid el-Aqsa (in Jerusalem)"*[46]

Die Prophetenmoschee in der leuchtenden Stadt Medina

---

44 El-Ghazali: „Ihya'u Ulumu Din", Band I: „Kitabul Hadsch" S. 327.

45 Die meisten Gelehrten sagen sogar, dass das Grabmal des Propheten Muhammed ﷺ ein noch heiligerer Platz ist, als die Kaaba in Mekka.

46 El-Bukhari: Kitabul Fadlu Salati fi Mesdschidi Mekka wel Medina, Nr. 1132.

Iman

„Der Gesandte glaubt an das, was ihm von seinem Herrn herabgesandt worden ist. Ebenso die Gläubigen. Sie alle glauben an Allah, Seine Engel, Seine Bücher und Seine Gesandten. Wir machen keinen Unterschied zwischen Seinen Gesandten. Und sie sagen: „Wir hören und gehorchen! Unser Herr, gewähre uns Deine Vergebung! Und zu Dir ist die Heimkehr!"[47]

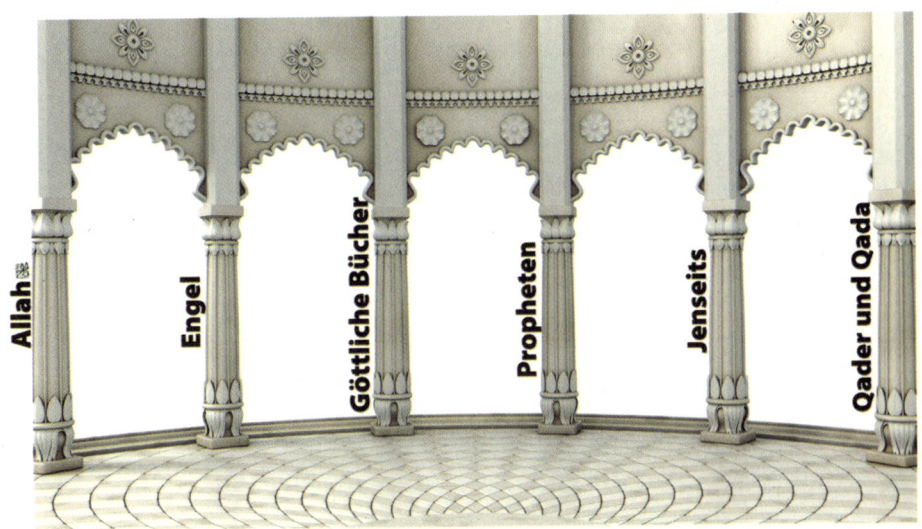

Die sechs Säulen des Iman

Iman ist das Licht des Glaubens, das der Muslim in seinem Herzen trägt. Wer an die sechs Pfeiler des Iman glaubt, wird dadurch zum „Mu'min", also zum Gläubigen. Und wenn er anschließend nach den fünf Säulen des Islam handelt, wird er hierdurch zum Muslim. Und so kann einer also sehr wohl ein Gläubiger (Mu'min) sein, wenn er an den Erhabenen Allah, Seine Engel, Seine Bücher, Seine Propheten, den Tag der Auferstehung und daran, dass alles Gute und alles Schlechte vom Erhabenen Allah vorherbestimmt ist, glaubt, obwohl er nicht im Glauben handelt. Sobald er dann im Glauben handelt, indem er

---

47   2. Sura: El-Baqarah, Vers 285.

sich an die fünf Säulen des Islam hält, wird er hierdurch zum Muslim.[48] Wenn er aber nicht an einen oder mehrere Pfeiler des Iman glaubt, dann hilft es ihm auch nichts, wenn er nach den fünf Säulen des Islam handelt und betet, fastet, die Armensteuer entrichtet und auf Pilgerfahrt geht, denn sein Iman ist nicht gesund und er gilt deshalb nicht als Mu'min und damit auch nicht als Muslim. Jeder Muslim muss also zugleich auch ein Mu'min sein, damit sein Handeln vom Erhabenen Allah﷾ akzeptiert wird, aber ein Mu'min muss nicht zwangsläufig ein Muslim sein, damit sein Glaube vom Erhabenen Allah﷾ akzeptiert wird. Denn erst wenn er nicht daran glaubt, dass die fünf Säulen des Islam für ihn verbindlich sind oder wenn er diese so leichtnimmt, dass er meint, dass er ruhig auf ihre Erfüllung verzichten kann, fliegt er aus dem Glauben heraus und verliert damit auch seinen Status als Mu'min.

Zwar werden die Begriffe Islam und Iman gerne bedeutungsgleich verwendet, sie haben aber sehr wohl unterschiedliche Bedeutungen: Bis auf die erste Säule des Islam - also das Glaubensbekenntnis - bezieht sich der Begriff Islam auf die verpflichtenden gottesdienstlichen Handlungen des Gläubigen, der Begriff Iman aber auf die richtige Art des Glaubens. Trotzdem sind die beiden Begriffe untrennbar miteinander verbunden: Wer nach den Regeln des Islam lebt, trägt Iman in seinem Herzen und wer Iman in seinem Herzen trägt, versucht nach den Regeln des Islam zu handeln.

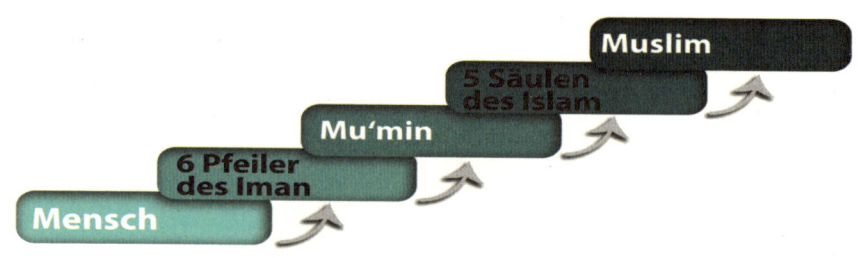

Vom Gläubigen zum Handelnden im Glauben

---

48   Mit „Muslim" meinen wir hier nicht einen, der bloß den Islam angenommen hat, sondern einen, der sich an die Pflichten der fünf Säulen des Islam hält.

Der Iman ist ein Gottesgeschenk, das dem Gläubigen vom Erhabenen Allah aus Seiner unermesslichen Großzügigkeit heraus gewährt wurde und sein Wesen ist, dass man sich seiner nie sicher sein kann. Dies wird von folgendem Quranvers bestätigt: **„Weder wusstest du (o Muhammed), was die Schrift noch was der Glaube ist. Doch Wir haben sie (die Offenbarung) zu einem Licht gemacht, mit dem Wir jenen Unserer Diener den Weg weisen, denen Wir wollen."[49]**

Der Iman eines Menschen hängt also allein von der Gnade und Barmherzigkeit des Erhabenen Allah ab und wenn Dieser es für angebracht hält, entzieht Er einem diese Gnade wieder. Dies ist das Recht des Erhabenen Allah und Teil seiner allumfassenden Gerechtigkeit. Der Gesandte sagte dazu: *„Wahrlich verbringt ein jeder von euch (die ersten) 40 Tage im Leib seiner Mutter in Form eines Samentropfens. Danach verbringt er dieselbe Zeit als Blutgerinnsel und dann genauso lange als Fleischklümpchen. Anschließend wird zu ihm jener Engel herabgesandt, der ihm die Seele einhaucht und damit beauftragt wurde, ihm vier Geschicke (in die Seele) einzugravieren: Seinen Lebensunterhalt, seinen Todeszeitpunkt, seine Handlungen und seine (Bestimmung als einer) der Unglückseligen oder Glückseligen. Und wahrlich bei Allah, neben Dem es keine Gottheit gibt, vollbringt manch einer von euch die Taten eines Paradiesbewohners, bis zu dem Zeitpunkt, an dem nur noch eine Elle zwischen ihm und dem Paradies liegt und dann holt ihn seine Bestimmung ein und er handelt wie einer der Höllenbewohner und wird deshalb ins Höllenfeuer geworfen. Und wahrlich vollbringt manch einer von euch die Taten eines Höllenbewohners, bis zu dem Zeitpunkt, an dem nur noch eine Elle zwischen ihm und dem Höllenfeuer liegt und dann holt ihn seine Bestimmung ein und er handelt wie ein Paradiesbewohner und wird deshalb ins Paradies eingehen."[50]*

---

49   42. Sura: Esch-Schura, Vers 52.
50   El-Bukhari, Nr. 3036.

Obwohl sein Glaube oder Unglaube bereits im Teig eines jeden Menschen verknetet ist, bedeutet dies aber nicht, dass dieser keinen Einfluss darauf hätte. Denn da Allahﷻ über Einschränkungen wie Raum und Zeit erhaben ist, weiß Er schon seit jeher, ob Sein Diener während seines Lebens den rechten oder den falschen Weg einschlagen wird. Und nur weil der Erhabene Allahﷻ weiß, welches Ende es mit Seinem Diener nehmen wird, bedeutet dies noch lange nicht, dass Er diesem sein Schicksal aufzwingt. Denn der Mensch entscheidet mithilfe seiner freien Willensentscheidung selbst darüber.

Der Gläubige sollte also versuchen, sein Geschick durch eigenes Zutun in die richtige Richtung zu lenken. So beispielsweise, indem er seine Pflichten gegenüber seinem Herrn gewissenhaft erfüllt, seinen Mitgeschöpfen Gutes tut und sich dem Erhabenen Allahﷻ häufig mit der Bitte um ein gutes Ende zuwendet. Die Großen pflegen den Allbarmherzigen beispielsweise häufig mit folgenden Worten in ihren Bittgebeten anzurufen: „O Allah! Wenn Du mich in das Register der Elenden (Höllenbewohner) eingetragen hast, so ändere dies und trage mich in das Register der Glückseligen (Paradiesbewohner) ein!"

Wie aus der Dschibril-Hadith zu Anfang dieses Büchleins hervorgeht, besteht der Iman aus sechs Pfeilern. Hierbei ist der Iman aber nicht teilbar; entweder man hat ihn ganz oder man hat ihn gar nicht: Wer an alle sechs Glaubenspfeiler glaubt, der gilt als Mu'min und hat Iman, wer einen dieser sechs Glaubenspfeiler verleugnet, der verliert seinen Glauben und besitzt keinen Iman, selbst wenn er an die anderen fünf Glaubenspfeiler glaubt.

Im Folgenden sollen diese sechs Glaubenspfeiler des Islam näher erläutert werden.

Der Glaube an Allah

Der Glaube an den Erhabenen Allah ist der wichtigste Glaubensgrundsatz des Islam und das Fundament des islamischen Glaubens. Alle anderen Glaubensgrundsätze bauen auf dem richtigen Verständnis vom Wesen und den Eigenschaften des Erhabenen Allah auf. Und wenn dann das Gottesbild einer Person richtig ist, ist ihre Religion auf einem soliden Fundament errichtet und sie wird sich in die richtige Richtung entwickeln. Wenn ihr Gottesbild jedoch falsch ist und sie sich Vorstellungen vom Erhabenen Allah macht, die nicht mit der Realität übereinstimmen, ist ihre Religion auf Sand erbaut. Da wird sich dann ihr Fundament auf der einen oder anderen Seite absenken und ihr Gebäude wird Risse kriegen oder gleich ganz einstürzen.

Als erstes ist über den Erhabenen Allah zu sagen, dass Dieser seit jeher und bis in alle Ewigkeit existiert. Er ist unteilbar und einzigartig, unerschaffen, unvergänglich und unvergleichlich: **„Sprich: Er ist Allah, der Einzige. Allah ist der Unabhängige. Er zeugte nicht und wurde nicht gezeugt. Und nichts ist Ihm gleich."**[51]

Der Erhabene Allah existiert unabhängig von Seiner Schöpfung und die Taten der Menschen können Ihm weder schaden noch Nutzen bringen. Allah existiert unabhängig von Raum und Zeit. Er hat weder einen Körper noch befindet er sich an irgendeinem Ort oder in irgendeiner Richtung. Da Er ganz anders als Seine Geschöpfe ist, kann Ihn der menschliche Verstand nicht fassen und sich keine Vorstellung von Ihm machen, die Seinem wahren Wesen entspräche.

Der Erhabene Allah ist allfähig und allmächtig. Er ist nicht nur der Erschaffer aller Geschöpfe, sondern auch der Erschaffer ihrer Taten.

---

51   112. Sura: El-Ikhlas, Verse 1–4.

Er setzt Seinen Willen gegen den Widerstand Seiner Geschöpfe durch und wenn Er eine Sache nicht will, dann wird sie auch nicht geschehen. Der Gesandte Allahs ﷺ sagte hierzu genauso einfach wie schön: *„Was Allah will, das geschieht und was Allah nicht will, das geschieht nicht!"*[52]

Allah ﷻ existiert seit jeher und wird bis in alle Ewigkeit fortbestehen. Genauso verhält es sich auch mit Seinen Eigenschaften. Da eine Eigenschaft nicht unabhängig vom Träger dieser Eigenschaft existieren kann, sind die Eigenschaften des Erhabenen Allah ﷻ genauso seit jeher mit Ihm verbunden und seit jeher existent wie sie bis in alle Ewigkeit mit Ihm verbunden und existent sein werden.

Der Erhabene Allah ﷻ ist seit jeher vollkommen und eine Zunahme oder Abnahme Seines Wesens oder Seiner Eigenschaften ist nicht denkbar. Nähme man nun an, dass Er eine Eigenschaft erst im Nachhinein erworben hätte, wäre dies eine Zunahme Seiner Eigenschaften und würde bedeuten, dass Er zuvor nicht vollkommen gewesen wäre und würde eine Seiner Eigenschaft im Laufe der Zeit wieder verschwinden, wäre dies eine Abnahme Seiner Eigenschaften und würde bedeuten, dass Er danach nicht mehr vollkommen wäre. Hätte Er beispielsweise Seine Eigenschaft des Sprechens (Kelam) erst im Nachhinein erworben, würde dies bedeuten, dass Er zuvor stumm und damit unvollkommen gewesen wäre und würde Er diese Eigenschaft später wieder verlieren, wäre Er danach stumm und also unvollkommen.

Denn der Zustand der Vollkommenheit setzt einen Zustand der Sättigung voraus und wenn eine Sache gesättigt ist, kann sie keine Dinge mehr aufnehmen.[53] Allah ﷻ existiert also mitsamt all Seinen Eigenschaften seit jeher und bis in alle Ewigkeit in absoluter Vollkommenheit.

---

52 Ebu Dawud: Sunen: El-Edeb, Nr. 110.
53 Diesen Zustand kann man mit dem Zustand der Sättigung eines Moleküls vergleichen: Ist ein Molekül gesättigt, dann ist es nicht dazu in der Lage, noch weitere Elektronen aufzunehmen.

Demgegenüber steht Seine Schöpfung: Egal wie lange sie schon existieren mag, irgendwann wurde sie doch vom Erhabenen Allahﷻ erschaffen und egal wie lange sie auch immer fortbestehen mag, irgendwann wird sie doch wieder vergehen. Und so ist Er der ewig Existierende, Unerschaffene und Beständige, Seine Schöpfung aber das nur für einen begrenzten Zeitraum Existierende, Erschaffene und Vergängliche.

Und nur weil manche Eigenschaften des Erhabenen Allahﷻ, wie beispielsweise Seine Lebendigkeit, Sein Wissen, Sein Wollen, Sein Hören, Sein Sehen und Sein Sprechen, dieselben Namen tragen wie manche Eigenschaften des Menschen, dürfen sie doch nicht mit diesen gleichgesetzt werden. Denn die Eigenschaften des Erhabenen Allahﷻ sind vollkommen, allumfassend und bedürfen keinerlei Hilfsmittel, die Eigenschaften der Menschen aber sind mangelhaft, beschränkt und auf Hilfsmittel angewiesen.

Das Hören oder Sehen Allahs ist ganz anders als das Hören oder Sehen des Menschen und darf deshalb nicht mit diesem verglichen werden. Denn während der Mensch nur jene Dinge sehen kann, auf die Licht fällt, die sich in seinem Blickfeld befinden und von keinem Hindernis verstellt sind, ist der Erhabene Allahﷻ allsehend und sieht nicht nur alle offensichtliche Dinge in Seiner Schöpfung, sondern auch deren Innenleben und alles andere, was dem Menschen von den erschaffenen Dinge verborgen bleibt. Und während der Mensch bei seinem Sehen auf Hilfsmittel wie Auge, Linse, Iris, Netzhaut, Sehnerv und Gehirn angewiesen ist, benötigt der Erhabene Allahﷻ keinerlei Hilfsmittel für Sein Sehen. Und genauso verhält es sich auch mit all Seinen anderen Eigenschaften: Der Erhabene Allahﷻ hört alle Dinge, die sich in Seiner Schöpfung ereignen, einschließlich der verborgensten Selbstgespräche der Menschen, ohne dabei auf ein Ohr, Steigbügel, Amboss, Hammer, Schnecke, Hörnerv und Ähnliches angewiesen zu sein, Er weiß von allen Dingen, die sich in Seiner Schöpfung ereignen, einschließlich der geheimsten Gedanken der Menschen, der verborgensten Vorgänge in den tiefsten Tiefen der Ozeane und der fernsten Weiten des Weltalls. Er ist nicht nur zu all jenen Dingen fähig, die sich der Mensch überhaupt nur vorstellen kann, sondern auch zu all jenen Dingen, die er sich nicht vorstellen kann, denn **„Er ist zu allem fähig!"**[54]

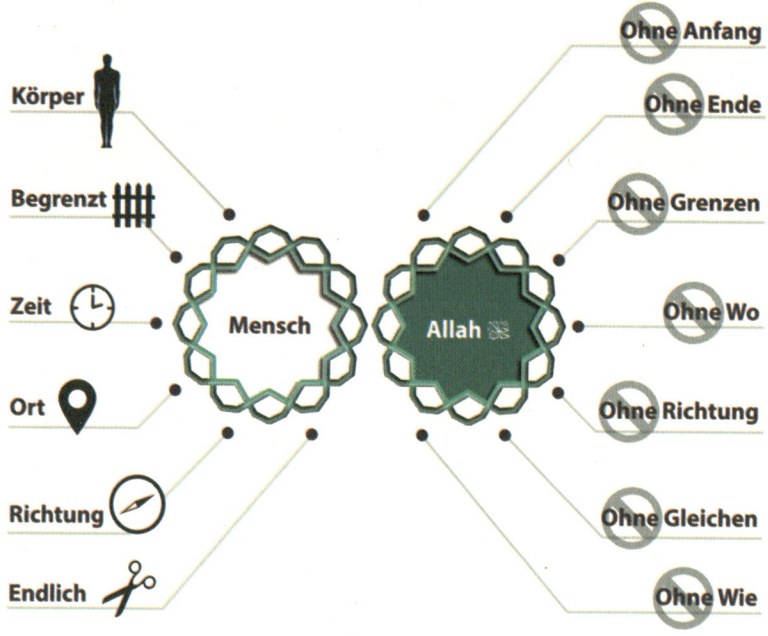

Allahﷻ ist ganz anders

Er unterliegt in keiner Seiner Eigenschaften und Handlungen irgendwelchen Einschränkungen und hierzu gehört es auch, dass Er weder auf einen Körper noch auf körperliche Hilfsmittel angewiesen ist: Er spricht ohne Zunge, Er hört ohne Ohr, Er sieht ohne Auge, Er erschafft ohne Material, Werkzeug und Planvorgabe und dies alles allumfassend und auf eine Weise, die nur Er Selbst kennt.

Kurz gesagt ist der Erhabene Allahﷻ ohne Wie und Ohnegleichen. Und dies bedeutet, dass Sein wahres Wesen und das wirkliche Wesen Seiner Eigenschaften dem Menschen verborgen bleiben und keinerlei Ähnlichkeit mit Seinen Geschöpfen aufweisen.

---

54 2. Sura: El-Baqarah, Vers 20.

Der Glaube an die Engel

Engel sind feinstoffliche Wesen, die aus Licht erschaffen wurden. Sie essen nicht, trinken nicht, schlafen nicht, gebären nicht, wurden nicht geboren und verfügen über kein Geschlecht.

Im Edlen Quran widerlegt der Erhabene Allah die Ansicht all jener, die den Engeln ein Geschlecht zuweisen, mit folgenden Worten: **„Und sie machen die Engel, die Diener des Allbarmherzigen sind, zu weiblichen Wesen. Waren sie etwa bei ihrer Erschaffung zugegen? Ihre Aussage wird niedergeschrieben werden und man wird sie hierzu (dereinst) befragen."**[55]

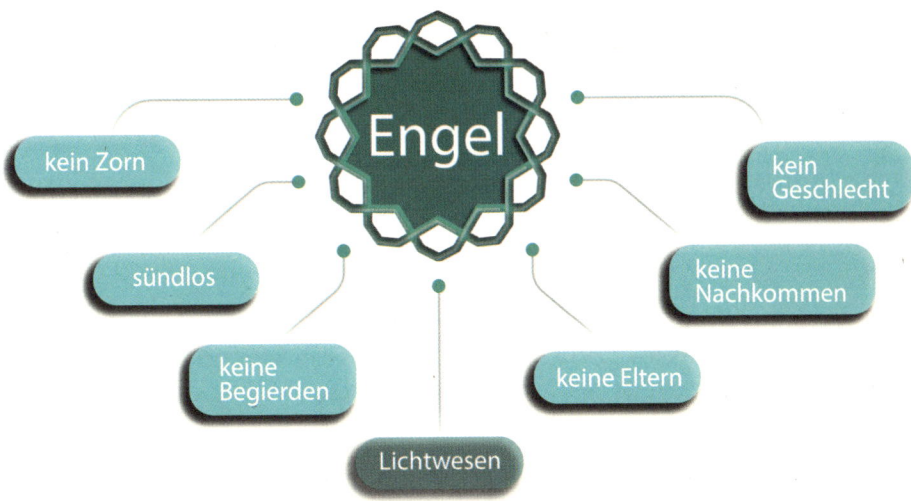

Das Wesen der Engel

Normalerweise können die Engel von den Menschen nicht gesehen werden. In Ausnahmefällen gestattet dies der Erhabene Allah aber Seinen Dienern, so beispielsweise Seinem Gesandten Muhammed, der den Offenbarungsengel Dschibril manchmal in menschlicher Gestalt und manchmal in seiner wirklichen Gestalt sah.

---

55   43. Sura: Ez-Zukhruf, Vers 19.

Engel kennen keine Begierden und keinen Zorn. Und dies bedeutet nichts anderes, als dass sie – im Gegensatz zum Mensch – weder über eine Triebseele noch über einen freien Willen verfügen. Deshalb tun sie nur genau das, was ihnen der Erhabene Allah aufgetragen hat und sind nicht dazu in der Lage, sich gegen den Willen des Erhabenen Allah zu stellen und Diesem gegenüber ungehorsam zu sein. Im Edlen Quran heißt es dazu: **„Darüber sind Engel (gesetzt), starke und gestrenge, die gegen Allahs Befehl nicht aufbegehren, sondern alles tun, was ihnen befohlen wird."[56]**

Es gibt verschiedene Arten von Engeln, die mit ganz unterschiedlichen Aufgaben betraut sind und ganz unterschiedliche Rangstufen beim Erhabenen Allah innehaben. Die meisten von ihnen befinden sich in den Himmeln, andere aber auch auf Erden.

An der Spitze der Rangstufe der Engel stehen die vier „großen Engel" Dschibril, Mika'il, Israfil und Azra'il - Allahs Friede sei mit ihnen allen – wobei Dschibril damit betraut ist, den Propheten die göttliche Offenbarung zu überbringen, Mika'il damit, die Angelegenheiten der Natur zu regeln, Israfil damit, am Jüngsten Tage den Weltuntergang einzuleiten und Azra'il damit, die Seelen der Menschen bei ihrem Tode zu ergreifen.

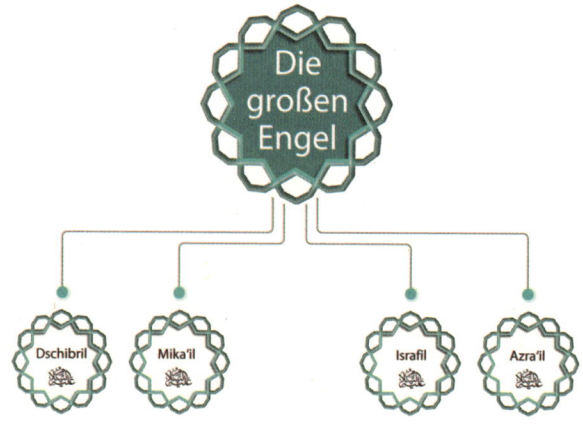

Die vier großen Engel

---

56   66. Sura: Et-Tahrim, Vers 6.

Darüber hinaus gibt es den Engel Malik, der als Höllenwächter und den Engel Ridwan, der als Paradieswächter fungiert, Schreiberengel, die die Taten der Menschen aufzeichnen, Schutzengel, die die Menschen vor Unheil schützen, Grabengel, die die Verstorbenen in ihren Gräbern über ihren Glauben befragen, Trägerengel, die am Tage des Gerichts den Thron des Erhabenen Allahﷻ herbeibringen, nahe Engel, die fortwährend ihres Herrn gedenken und Diesen lobpreisen, Vergebungsengel, die andauernd für die Muslime bei ihrem Herrn um Verzeihung bitten und noch viele weitere Arten von Engeln mehr.

Der Glaube an die Existenz der Engel gehört zu den fundamentalen Glaubenspfeilern des Islam und wer nicht an sie glaubt, verliert seinen Glauben, weil die Existenz der Engel durch zahlreiche Quranverse eindeutig belegt ist. Für uns ist hier zu beachten, dass zwar auch andere Religionen von der Existenz der Engel sprechen, diesen aber gerne menschliche Attribute zuschreiben, über die diese nicht verfügen. So berichten die Juden und Christen beispielsweise davon, dass der Teufel ein gefallener Engel sei und andere Engel zu schlechten Taten fähig seien und lügen oder betrügen würden. Das islamische Glaubensbild der Engel besteht demgegenüber daraus, dass diese nicht zu Sünde fähig sind (Ismeh) und der Teufel kein gefallener Engel ist, sondern einer der Dschinn. Im Edlen Quran heißt es hierzu: **„Als Wir zu den Engeln sagten: „Werft euch vor Adem nieder!", da warfen sie sich nieder; außer der Iblis (Teufel). Dieser war einer der Dschinn."**[57]

---

57   18. Sura: El-Kehf, Vers 50.

Der Glaube an die Bücher

Der Glaube daran, dass die vier Offenbarungsschriften Psalter, Thora, Evangelium und Quran vom Erhabenen Allahﷻ an die Propheten Dawud, Musa, Isa und Muhammed – Allahs Segen und Friede seien auf ihnen allen – herabgesandt wurden, ist eine weitere der sechs Glaubenspflichten des Muslims.

Die vier großen Offenbarungsschriften

Zu diesen göttlichen Offenbarungsschriften zählen auch jene Schriftblätter, die an die Propheten Adem, Schīt, Idris und Ibrahim – Allahs Friede sei mit ihnen allen – herabgesandt wurden.[58]

Nun bleibt zu bewerten, wie der Inhalt dieser göttlichen Offenbarungsschriften für uns Muslime zu bewerten ist. Hierbei müssen diese in zwei Gruppen eingeteilt werden:

Auf der einen Seite stehen jene drei Offenbarungsschriften, die vor dem Edlen Quran herabgesandt wurden, also das Psalter, die Thora und das Evangelium. Obwohl diese drei Bücher göttlichen Ursprungs sind und an die drei Propheten Dawud, Musa und Isa - Allahs Friede sei mit ihnen allen - herabgesandt wurden, ist heute nur noch schwer zu klären, welche Teile ihres Inhalts noch der ursprünglichen göttlichen Offenbarung entsprechen und welche Teile davon in den Jahrhunderten nach ihrer Entsendung von Menschenhand verändert wurden. Zwar ist

---

58   Diese Schriftblätter sind der Nachwelt nicht erhalten geblieben.

bei manchen darin enthaltenen Aussagen zu erahnen, dass sie göttlichen Ursprungs sind - dies besonders, wenn sie vom Edlen Quran bestätigt werden - und bei manchen, dass sie sicher verändert wurden - weil sie den Aussagen des Edlen Quran widersprechen - aber die Gemengelage ist zu undurchsichtig, als dass man hierzu wirklich gesicherte Aussagen treffen könnte. Deshalb ist es zwar die Pflicht der Muslime, an den göttlichen Ursprung dieser Bücher zu glauben, nicht aber daran, dass auch ihr Inhalt immer noch dem Originallaut der Offenbarung entspricht. Und so sind wir also dazu verpflichtet, daran zu glauben, dass die Propheten Dawud, Musa und Isa – Allahs Friede sei mit ihnen - göttliche Offenbarungsschriften namens Psalter, Thora und Evangelium vom Erhabenen Allahﷻ erhalten haben. Wir sind aber nicht dazu verpflichtet, an den heutigen Wortlaut dieser Offenbarungsschriften zu glauben, da darin im Laufe der Jahrhunderte zu viel verändert, weggelassen und hinzugefügt wurde.

Ganz anders verhält es sich mit dem Edlen Quran. Da dieser die letzte aller göttlichen Offenbarungsschriften ist, wird er vom Erhabenen Allahﷻ bis zum Jüngsten Tage vor allen Veränderungen geschützt. Im Edlen Quran heißt es hierzu: **„Wahrlich sandten Wir die Ermahnung herab und fürwahr sind Wir ihr Bewahrer"**[59]

Und so ist es nicht nur die Pflicht eines jeden Muslims, daran zu glauben, dass der Edle Quran göttlichen Ursprungs ist, sondern auch daran, dass dieser bis zum heutigen Tage Buchstabe für Buchstabe genauso erhalten geblieben ist, wie er einst an den Propheten Muhammedﷺ herabgesandt wurde. Weder wurde er verändert noch wurde von ihm irgendetwas weggelassen oder ihm irgendetwas hinzugefügt. Und dies bedeutet für uns, dass wir an jeden einzelnen Buchstaben des Edlen Quran zu glauben haben und dass wir unseren Glauben verlieren, wenn wir verneinen, dass auch nur ein einziger Buchstabe

---

59   15. Sura: El-Hidschr, Vers 9.

des Edlen Quran nicht vom Erhabenen Allah an den Gesandten Muhammed herabgesandt wurde.

Im Übrigen wurde der Edle Quran - im Gegensatz zu den anderen göttlichen Büchern - nicht in einem Stück, sondern Stück für Stück offenbart. Hierbei wurde er zuerst als ganzes von der „Wohlverwahrten Tafel"[60] im obersten Himmel zum „Ehrenwerten Haus" im untersten Himmel hinabgesandt und von dort aus innerhalb von 23 Jahren nach und nach dem Propheten Muhammed offenbart.

Der enge Prophetengefährte Ibn Abbas sagte hierzu: „Der Edle Quran wurde in der Leyletul Qadr (der Nacht der Bestimmung) im Monat Ramadan in einem Stück von der Wohlverwahrten Tafel herabgesandt und dann im Beytul Izzeh (dem Ehrwürdigen Haus) im untersten Himmel hinterlegt. Anschließend überbrachte ihn (der Offenbarungsengel) Dschibril innerhalb von 23 Jahren (dem Propheten) Muhammed Stück für Stück."[61]

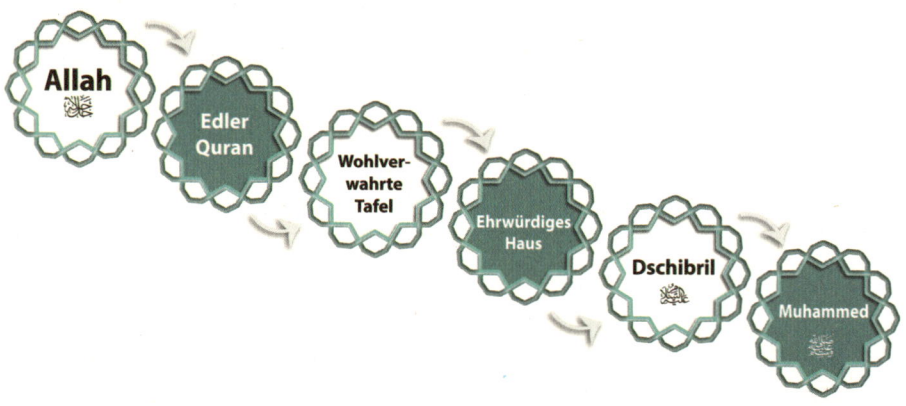

Die einzelnen Schritte der Entsendung des Edlen Quran an den Propheten Muhammed

---

60 Die Wohlverwahrte Tafel befindet sich im obersten Himmel. Ibn Mendah überliefert hierzu von Ibn Abbas h: „Der Quran wurde in einem Stück vom obersten Himmel in den untersten Himmel entsandt." (Ibn Mendah: El-Iman, Band 2, S. 705) Auf ihr sind nicht nur alle heiligen Bücher verzeichnet, sondern auch alle Taten, die die Menschen von Anbeginn ihrer Erschaffung bis zum Ende der Welt vollbringen werden.

61 Vgl. hierzu: El-Qurtubi: Tefsir zum ersten Vers der Sura El-Qadr, Band 20, S. 130.

Der Glaube an die Propheten

„Der Gesandte (Muhammed) glaubt an alles, was an ihn von seinem Herrn herabgesandt wurde und ebenso (tun dies) die Gläubigen. Sie alle glauben an Allah, Seine Engel, Seine Schriften und Seine Gesandten. Wir machen keinen Unterschied zwischen einem (und dem anderen) Seiner Gesandten. Und sie sprechen: „Wir hören und gehorchen! (Schenke uns) Deine Vergebung, unser Herr, und zu Dir ist die Rückkehr!"[62]

Der Erhabene Allahﷻ beauftragte die Engel damit, die göttliche Offenbarung an die Propheten zu überbringen. Damit kommen wir zum vierten Pfeiler des Iman: Den Glauben an die Propheten.

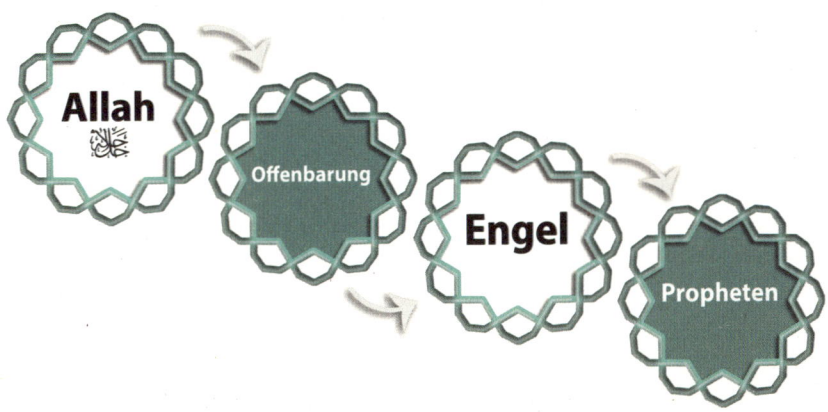

Der Weg der Entsendung der göttlichen Offenbarung

Hierbei sind die Muslime dazu verpflichtet, nicht nur an ihren eigenen Propheten Muhammed ﷺ zu glauben, sondern an alle Propheten, die der Erhabene Allahﷻ im Laufe der Menschheitsgeschichte an die Menschen entsandte.

---

62   2. Sura: El-Baqarah, Vers 285.

Als der Gesandte Allahs ﷺ einmal von seinen Gefährten gefragt wurde, wie viele Propheten es denn gegeben habe, antwortete er ihnen: „124.000!"[63]

Wir kennen nicht die Namen all dieser Propheten, denn im Edlen Quran werden nur 25 von ihnen namentlich erwähnt. Im Edlen Quran heißt es dazu: **„Wir entsandten Gesandte ja schon vor dir. Von einigen unter ihnen erzählten Wir dir und von anderen erzählten Wir dir nicht. Keinem Gesandten war es jedoch gegeben, mit einem Zeichen zu kommen, außer mit Allahs Erlaubnis."[64]**

Bei den restlichen Propheten reicht es aus, wenn wir daran glauben, dass sie einst vom Erhabenen Allah ﷻ an die Menschheit gesandt wurden, um ihr die göttliche Offenbarung zu überbringen. Hierbei kennen wir zwar nicht ihre Namen, was wir aber aus dem Edlen Quran wissen, ist, dass sie im Laufe der Zeit mit der göttlichen Botschaft an alle Völker der Erde entsandt wurden: **„Es gibt ja kein Volk, unter dem kein Warner gelebt hätte!"[65]**

Adem ﷸ	Idris ﷸ	Nuh ﷸ	Hud ﷸ	Salih ﷸ
Ibrahim ﷸ	Lut ﷸ	Isma'il ﷸ	Ishaq ﷸ	Ya'qub ﷸ
Yusuf ﷸ	Eyyub ﷸ	Schu'ayb ﷸ	Musa ﷸ	Harun ﷸ
Dawud ﷸ	Suleyman ﷸ	Ilyas ﷸ	Elyesa ﷸ	Dhulkifl ﷸ
Yunus ﷸ	Zekeriyya ﷸ	Yahya ﷸ	Isa ﷸ	Muhammed ﷺ

Die 25 Propheten, die im Edlen Quran namentlich erwähnt werden

---

63 Ibn Hibban: Es-Sahih, Band 2, S. 77.
64 40. Sura: El-Mu'minun, Vers 78.
65 35. Sura: Fatir, Vers 24.

Die besonderen Eigenschaften der Propheten

Alle Propheten haben fünf besondere Eigenschaften aufzuweisen: Die absolute Aufrichtigkeit, die unbedingte Vertrauenswürdigkeit, den Auftrag zur Verkündigung der göttlichen Offenbarung, den enormen Scharfsinn und den Schutz vor Sündhaftigkeit.

Die absolute Aufrichtigkeit (Sidq)

Die absolute Aufrichtigkeit (Sidq) ist das Gegenteil der Verlogenheit und dies bedeutet, dass Propheten niemals lügen, sondern jederzeit aufrichtig und rechtschaffen handeln. Dieser Zustand bezieht sich sowohl auf jene Zeit, bevor sie mit der Prophetenschaft betraut wurden, als auch auf die Zeit ihrer Prophetenschaft. Sie waren also ihr gesamtes Leben über aufrichtig und rechtschaffen und haben nie in ihrem Leben gelogen.

Im Edlen Quran heißt es hierzu über den Propheten Ibrahim ﷺ:

„Er war ein Aufrichtiger, ein Prophet!"[66]

Die unbedingte Vertrauenswürdigkeit (Emaneh)

Die unbedingte Vertrauenswürdigkeit (Emaneh) ist das Gegenteil von Veruntreuung, Betrug und Untreue. Alle Propheten verfügten über diese Eigenschaft bereits vor ihrer Prophetenschaft und natürlich auch während ihrer Prophetenschaft. Nicht umsonst nannte man den Propheten Muhammed ﷺ bereits vor seiner Zeit als Prophet „El-Emin" (den Vertrauenswürdigen), weil er das ihm anvertraute Gut mit äußerster Sorgfalt verwaltete und nie sein Wort brach.

---

66   19. Sura: Meryem, Vers 41.

Im Edlen Quran sagt der Prophet Musa ﷺ über seine Emaneh: **„Übergebt mir die Diener Allahs. Ich bin ein vertrauenswürdiger Gesandter!"[67]**

Der Auftrag zur Verkündung der göttlichen Botschaft (Tebligh)

Ein Prophet ist keine Person, die sich selbst zum Propheten ernennt, sondern eine, die vom Erhabenen Allah ﷻ mit der Prophetenschaft betraut wird. Und wenn sie dann erst einmal den Auftrag zur Verkündung der göttlichen Botschaft bekommen hat, verkündet sie diese vollständig und unverfälscht und lässt weder etwas davon weg noch fügt sie ihr irgendetwas hinzu.

Die Verkündung der göttlichen Botschaft ist natürlich die Hauptaufgabe der Propheten und hierzu heißt es im Edlen Quran: **„O Gesandter! Verkünde alles, was von deinem Herrn zu dir herabgesandt wurde. Denn wenn du es nicht vollständig tust, wirst du Seine Botschaft (überhaupt) nicht überbracht haben!"[68]**

Der Scharfsinn (Fetaneh)

Alle Propheten waren im höchsten Maße intelligent und ließen sich deshalb von niemandem an der Nase herumführen. Sie durchblickten mit ihrem Scharfsinn die Vorgänge in dieser Welt und verfügten über eine gottgegebene Weisheit nicht nur während der Zeit ihrer Prophetenschaft, sondern auch schon zuvor.

In diesem Sinne sprechen im Edlen Quran die Polytheisten den Propheten Salih ﷺ folgendermaßen an: **„O Salih! Du warst vor (deiner Prophetenschaft) unter uns der Mittelpunkt der Hoffnung, (weil du uns mit deinen weisen Ratschlägen den rechten Weg wiesest)!"[69]**

---

67   44. Sura: Ed-Dukhan, Vers 17f.
68   5. Sura: El-Ma'ideh, Vers 67.
69   11. Sura: Hud, Vers 62.

Der Schutz vor Sündhaftigkeit (Ismeh)

Zu den Eigenschaften der Propheten gehört es, dass der Erhabene Allah diese vor Sündhaftigkeit geschützt hat. Diese Notwendigkeit erschließt sich dem logisch denkenden Menschen von selbst, denn ein Prophet muss einen tadellosen Charakter und eine reine Weste haben, um eine Vorbildfunktion innerhalb der Gesellschaft einnehmen zu können. Denn ansonsten würde sein Umfeld ja niemals dazu bereit sein, von ihm das Wort Allahs in Empfang zu nehmen.

Hierzu gehört es auch, dass alle Propheten bereits vor ihrer Prophetenschaft davor geschützt waren, dem Erhabenen Allah andere Gottheiten beizugesellen oder nicht an Seine Einheit und Einzigartigkeit zu glauben.

Über den Propheten Yusuf heißt es hierzu im Edlen Quran: **„Und sie begehrte ihn (und) auch er hätte sie begehrt, wenn er nicht ein deutliches Zeichen von seinem Herrn gesehen hätte, (das ihn vor Sündhaftigkeit schützte). Dies geschah, um Schlechtigkeit und Unsittlichkeit von ihm abzuwenden."**[70]

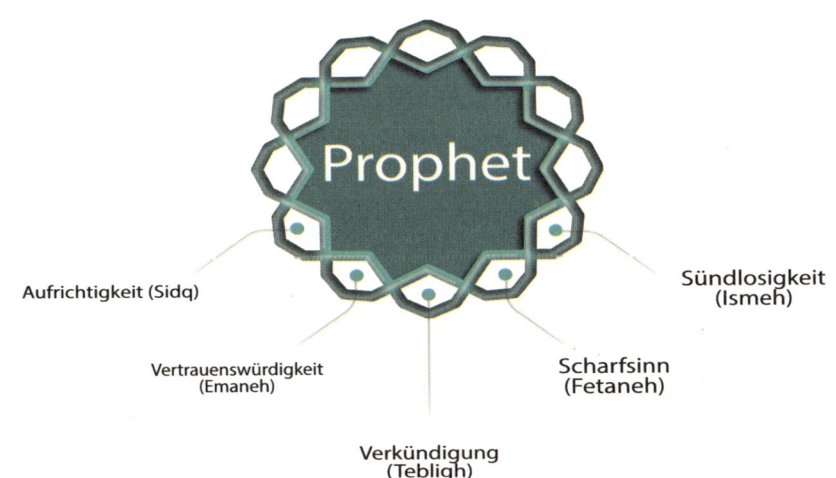

Aufrichtigkeit (Sidq)

Sündlosigkeit (Ismeh)

Vertrauenswürdigkeit (Emaneh)

Scharfsinn (Fetaneh)

Verkündigung (Tebligh)

Prophet

Die besonderen Eigenschaften der Propheten

---

[70]   12. Sura: Yusuf, Vers 24.

Im Edlen Quran heißt es über die Propheten: **„Wir machen keinen Unterschied zwischen Seinen Gesandten"**[71] Dies bedeutet aber nicht, dass alle Propheten die gleiche Rangstufe beim Erhabenen Allah einnehmen, sondern dass alle Propheten ihre Eingebungen und Offenbarungen direkt vom Erhabenen Allah – auf dem Wege der Vermittlung durch den Offenbarungsengel Dschibril – empfangen haben und alle gleichermaßen vor Sündhaftigkeit geschützt waren.

Bezüglich der Rangstufen sind sich die islamischen Gelehrten darin einig, dass der Gesandte Muhammed den höchsten Rang unter allen Propheten einnimmt, gefolgt von Ibrahim, Musa, Isa und Nuh.[72]

Hierbei ist der Prophet Muhammed das „Siegel der Propheten" und dies bedeutet nichts anderes, als dass nach ihm kein Prophet mehr in dieser Welt erscheinen wird. Er sagte hierzu: *„Ich kam und mit mir wurde das Prophetentum versiegelt!"*[73]

---

71   Sure: El-Baqarah, Vers 285.
72   Diese fünf großen Propheten nennt man „Ulul Azm". Vgl. Tuhfetul Murid ala Dschewheril Tewhid, S. 305f.
73   Muslim: Sahih, Nr. 6103.

Der Glaube an die Auferstehung und das Jüngste Gericht

„Sprich: Der, Der sie das erste Mal hervorbrachte, wird sie (auch ein weiteres Mal) zum Leben erwecken."[74]

Viele Menschen bezweifeln, dass es den Jüngsten Tag und die damit verbundene Auferstehung wirklich geben wird und sagen, dass es schon rein technisch gar nicht möglich sei, alle Menschen auf einmal neu zu erschaffen. Der Erhabene Allah antwortet hierauf im Edlen Quran folgendermaßen: **„Gewiss erschufen wir den Menschen aus einer Art von reinem Ton. Anschließend machten Wir ihn zu einem (Samen)Tropfen an einem geschützten Ort, (nämlich der Gebärmutter). Hierauf formten wir den Samentropfen zu einem Blutklumpen und den Blutklumpen zu einem Fleischklumpen und aus dem Fleischklumpen formten Wir Knochen. Dann bekleideten Wir die Knochen mit Fleisch. Hierauf ließen Wir ihn als neues Geschöpf entstehen. Voller Segen ist Allah, der beste Schöpfer! Später werdet ihr dann gewiss versterben und schließlich werdet ihr am Tag der Auferstehung wiedererweckt werden!"[75]**

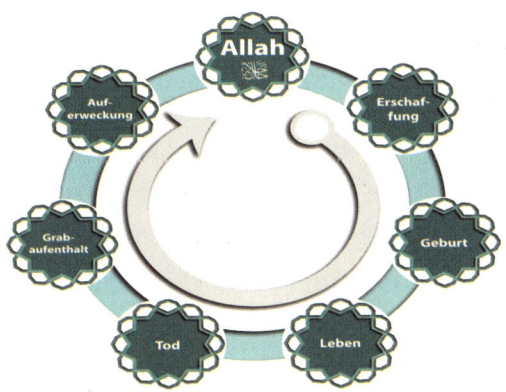

Der Kreislauf von Erschaffung, Leben, Tod und Wiedererweckung

---

74   36. Sura: Yasin, Vers 79.
75   23. Sura: El-Mu'minun, Verse 12 – 16.

Wie sollte es denn auch Jenem, Der die Himmel und die Erde und alles, was sich darin befindet, erschuf und dies alles seither am Laufen hält, nicht möglich sein, die Menschen am Tage der Auferstehung zu neuem Leben zu erwecken?! Jenem, Der doch allen Lebewesen gleichzeitig ihren Lebensunterhalt gewährt und sie mit allem versorgt, was sie zum Überleben benötigen. Jenem, Der doch bereits Seinem Propheten Isa ﷺ erlaubte, Totkranke zu heilen und Tote wieder zum Leben zu erwecken; worunter sich auch Menschen befanden, die schon vor tausenden von Jahren zu Staub zerfallen waren. Jenem, Der Seinem Propheten Ibrahim ﷺ gestattete, vier Vögel zu zerstückeln, nur um sie danach wieder zusammenzusetzen und zu neuem Leben zu erwecken: **„Und als Ibrahim sagte: „Mein Herr, zeig mir, wie Du die Toten zum Leben erweckst!", da sprach Er: „Glaubst du denn etwa nicht?" Er antwortete: „Doch! Aber ich will mein Herz beruhigen." Er sprach: „So nimm vier Vögel und zerstückele sie und dann lege auf jeden Berg ein Stück von ihnen. Dann ruf sie herbei und sie werden eilends zu dir kommen." Wisse, dass Allah allmächtig und allweise ist."[76]**

An verschiedenen Stellen im Edlen Quran wird beschrieben, wie der Tag der Auferstehung vonstatten gehen wird:

Als erstes wird der Engel Israfil ﷺ auf den Befehl des Erhabenen Allah ﷻ hin einen Stoß in ein hornähnliches Blasinstrument namens „Sur" tun und da werden alle Lebewesen tot darniederstürzen.[77] Anschließend wird die Erde „ergriffen" werden[78], die Berge werden „sich in Bewegung setzen" und zu Staub zersprengt,[79] die Himmel werden „zusammengerollt",[80] die Sterne werden „zerstreut",[81] die Sonne wird „wie ein Turban zusammengerollt" und stürzt in die Weltmeere.[82]

---

76 2. Sura: El-Baqarah, Vers 260.
77 Vgl. hierzu: 39. Sura: Ez-Zumer, Vers 68.
78 Vgl. hierzu: 14. Sura: Ibrahim, Vers 67.
79 Vgl. hierzu: 81. Sura: Et-Tekwir, Vers 3.
80 Vgl. hierzu: 14. Sura: Ibrahim, Vers 67.
81 Vgl. hierzu: 81. Sura: Et-Tekwir, Vers 2.
82 Vgl. hierzu: 81. Sura: Et-Tekwir, Vers 1.

Danach ist kein Leben mehr und nur noch der Erhabene Allah⸎ ist. Da spricht Er: **„Wem ist die Herrschaft am heutigen Tage?"** Und da Ihm hierauf niemand antworten wird, wird Er Selbst die Antwort darauf geben und sprechen: **„Allahs, dem Einzigen, dem Bezwinger!"**[83]

Nachdem 40 Jahre vergangen sein werden, wird der Erhabene Allah⸎ einen Wind schicken, der die Wolken zusammentreibt und dann wird es solange aus diesen Wolken auf die tote Erde herabregnen, bis diese zu neuem Leben erweckt wird.[84] Hierbei wird es 40 Tage lang regnen, bis die Erde schließlich 12 Ellen unter Wasser stehen wird. Mithilfe dieses fruchtbaren Lebenswassers werden dann die Lebewesen solange aus ihren Steißbeinen - die das einzige sind, was den Verrottungsprozess der Leichen überstehen wird – wie Gemüse aus der Erde hervorsprießen, bis ihre Körper wieder vollkommen neu entstanden sind. Anschließend wird der Engel Israfil ⸎ ein weiteres Mal in die „Sur" stoßen und dann werden die Seelen aller Lebewesen wie Bienen daraus hervorströmen und zu ihren Körpern zurückkehren und diese mit neuem Leben beseelen.[85]

Anschließend werden sich die Menschen aus allen Himmelsrichtungen wie bei einem Sternenmarsch daran machen, in vollkommener Dunkelheit zum „Versammlungsplatz" zu eilen, wobei sie je nach Stärke ihres Glaubens über ein mehr oder weniger starkes Licht und je nach Aufrichtigkeit ihres Handelns über ein mehr oder weniger starkes Reittier verfügen werden. Und wer zu Lebzeiten über keinen Glauben verfügt hat, wird diese Reise bei vollkommener Dunkelheit und ohne Reittier antreten müssen.[86]

Am Versammlungsplatz werden dann alle Menschen gleichzeitig und doch getrennt vor dem Erhabenen Allah⸎ für ihr Tun auf Erden Rechenschaft ablegen müssen. Im Edlen Quran heißt es hierzu:

---

83 40. Sura: Ghafir, Vers 16.
84 Vgl. hierzu: 35. Sura: Fatir, Vers 9.
85 Vgl. hierzu: 39. Sura: Ez-Zumer, Vers 68.
86 Vgl. hierzu: 66. Sura: Et-Tahrim, Vers 8. Zur Vertiefung dieses Themas empfehlen wir dem Leser wärmstens das Buch „Die kostbaren Perlen des Wissens" von Imam el-Ghazali ⸎.

„Und einem jeden Menschen haben Wir seine Taten wie eine Kette um den Hals gelegt. Am Tage der Auferstehung werden Wir ihm ein Buch vorlegen, (in dem seine Taten) ausgebreitet sind. „Lies dein Buch. Du bist dir heute selbst genug, um mit dir abzurechnen.""[87]

Als der Gelehrte Schemsuddin et-Tabrisi ⚉ eines Tages gerade dabei war, einer Gruppe von Schülern beizubringen, wie man mithilfe eines Lehmziegels den Teyyemum[88] vollzieht, kam ein Philosoph zu ihm und stellte ihm die folgenden drei Fragen:

„1. Ihr Muslime behauptet, dass Allah existiert, obwohl man Ihn nicht sehen kann. Beweise mir Seine Existenz.

2. Ihr behauptet, dass der Teufel aus Feuer besteht und später im Feuer bestraft wird. Wie sollte denn Feuer dem Feuer Schaden zufügen können?

3. Ihr behauptet, dass jedermann am Tage des Gerichts für seine Taten zur Rechenschaft gezogen werden wird, wenn er sich nicht an die Gesetze Allahs hält. Mit welchem Recht kann uns denn Allah zur Rechenschaft ziehen, wenn Ihm doch unser Handeln weder schadet noch nützt?"

Als der Philosoph seine Fragen zu Ende gestellt hatte, nahm Schemsuddin ⚉ den Lehmziegel und verpasste damit dem Philosophen einen heftigen Schlag auf den Kopf. Dieser war schwer empört über dieses Verhaltens und ging zum Richter, um sich über Schemsuddin ⚉ zu beschweren. Der Richter zitierte daraufhin Schemsuddin ⚉ zu sich und befragte diesen in Anwesenheit des Philosophen zu dem Vorgang.

Hierbei sprach Schemsuddin ⚉ zu dem Philosophen:

„Zu deiner ersten Frage: Der Schlag auf den Kopf hat dir Schmerzen bereitet. Du siehst den Schmerz nicht, doch trotzdem ist er da.

---

87   Sure: El-Isra, Vers 13f.
88   Der „Teyyemum" ist die rituelle Ersatzwaschung, die mithilfe von reiner Erde anstelle der eigentlichen rituellen Waschung ausgeführt wird, wenn hierfür kein Wasser zur Verfügung steht.

Zu deiner zweiten Frage: Der Mensch wurde aus Lehm erschaffen und der Ziegel, den ich dir auf den Kopf schlug, ist ebenfalls aus Lehm. Trotzdem hat dir der Schlag mit dem Ziegel Schaden zugefügt.

Zu deiner dritten Frage: Du bist zum Richter gelaufen, weil ich ein weltliches Gesetz gebrochen und dich geschlagen habe und willst, dass ich für meine Verfehlung vom Richter zur Rechenschaft gezogen werde. Wenn dies schon auf Erden so ist, dass ein Unbeteiligter mich zur Rechenschaft für meine Taten ziehen kann, wie viel mehr Recht hat dann wohl der Erhabene Allahﷻ darauf, uns für die Verfehlungen gegen Seine Gesetze zur Rechenschaft zu ziehen, obwohl Er keinen Anteil an unserem Tun hat und Ihm unser Handeln weder Schaden noch Nutzen bringt?"

Die Waage der Taten (Mizan)

Die Waage der Taten am Tag der Rechenschaftsablegung

Der Glaube an das Jüngste Gericht gehört ebenso zum Glaubensbild der Muslime, wie der Glaube an die Waage (Mizan), auf der die Taten der Menschen gegeneinander abgewogen werden. Die prophetischen Überlieferungen berichten davon, dass am Tage des Gerichts jene Himmelskuppel, die die Trennung zwischen der materiellen und der spirituellen Welt bildet, zum Versammlungsplatz gebracht wird und zu ihrer Rechten das Paradies und zu ihrer Linken die Hölle aufgestellt werden. Anschließend wird die Waage herbeigebracht und vor dem Erhabenen Allahﷻ aufgestellt, wobei die rechte Waagschale auf der rechten Seite, gegenüber dem Paradies sein wird und die linke Waagschale auf der linken Seite, gegenüber der Hölle.[89]

Wessen gute Taten beim anschließenden Wiegen der Taten überwiegen, erlangt das Recht ins Paradies einkehren zu dürfen und wessen schlechte Taten hierbei überwiegen, der wird der Bestrafung im

---

89   Vgl. hierzu: El-Hakim et-Tirmidhi: Newadirul Usul, Band 1, S. 79.

Höllenfeuer anheimfallen: **„Und wessen Waagschale sich senkt, dessen Leben (im Paradies) wird angenehm sein. Und wessen Waagschale sich hebt, dessen Mutter wird die Hölle sein."**[90]

Die Leute des Feuers

Wessen Waagschale der schlechten Taten sich senkt, der hat das Feuer verdient. Bei den Leuten des Feuers wird allerdings zwischen jenen unterschieden, die im Unglauben verstorben sind und jenen, deren schlechte Taten zwar überwiegen, die aber im Glauben verstorben sind. Erstere werden auf ewig im Höllenfeuer verbleiben müssen und hierbei gibt es keine Ausnahme. Letztere müssen entweder erst gar nicht ins Feuer, weil ihnen der Erhabene Allah aus Seiner Barmherzigkeit heraus vergibt und sie ins Paradies einkehren lässt, ohne sie zuvor im Feuer zu läutern. Oder aber sie müssen zur Läuterung ins Feuer, dürfen anschließend aber aufgrund der Fürsprache des Propheten wieder das Feuer verlassen und zu ihren Glaubensgeschwistern ins Paradies einkehren. Dies zeigt, wie wichtig es ist, regelmäßig seine Sünden zu bereuen, denn dies ist die beste Vorsorge gegen die Läuterung im Feuer. Der Prophet sagte hierzu: *„Wer seine Sünden bereut, ist wie einer, der keine Sünden hat!"*

(Ibn Madscheh: Sunen, Nr. 4250)

---

90   Sure: El-Qari'ah, Verse 6–9.

Die Brücke über das Höllental (Sirat)

Nachdem ihre Sünden abgerechnet wurden (Hisab), sind alle Menschen dazu gezwungen, die Brücke (Sirat) „zwischen den beiden Höhenrücken des Höllentals" zu überqueren.[91] „Die Brücke ist dünner als ein Haar und schärfer als ein Schwert"[92] Der Schnellste, der die Brücke überquert, „ist schnell wie ein Blitz", andere sind „schnell wie ein Rennpferd" und wieder andere „laufen" oder „gehen". Und die Langsamsten unter jenen, die die Brücke überqueren „bewegen sich kriechend fort".[93]

Jene Personen aber, deren irdischen Taten nicht dafür ausreichen, die Brücke zu überqueren, werden von fleischerhakenähnlichen Gebilden erfasst, die an den Seiten der Brücke angebracht sind „und jene ergreifen, die dazu bestimmt sind" in das Höllental geschleudert zu werden.[94]

Hierbei gibt es sechs Stationen auf der Brücke, die ein jeder passieren muss: Hat er keinen Glauben im Herzen, fällt er schon bei der ersten Station von der Brücke. Hat er seine Gebete nicht im Gepäck, ist bei der zweiten Station Schluss. Hat er nicht gefastet, wird ihm die dritte Station zum Verhängnis. Hat er seine Armensteuer nicht entrichtet, fällt er bei der vierten Station ins Feuer. War er nicht auf Pilgerfahrt, obwohl ihm dies möglich gewesen wäre, bleibt ihm der Durchgang an der fünften Station verwehrt. Und zu guter Letzt muss er auch noch jene Station passieren, an der er über sein Verhalten gegenüber seinen Mitmenschen Rechenschaft ablegen muss. Und wie schwierig dies sein wird, zeigt folgender Ausspruch des großen Rechts- und Hadithgelehrten Sufyan eth-Thewri ﷺ: „Wenn du vor den Erhabenen Allah mit 70.000 Sünden kommst, die zwischen dir

---

91   Überliefert von El-Hakim: „El-Mustedrak", Nr. 8738.
92   Ebd., Nr. 8739.
93   Ebd., Nr. 8737.
94   Ebd., Nr. 8737.

und Ihm sind, wird dies einfacher für dich sein, als wenn du nur mit einer einzigen Sünde vor Ihn kommst, die zwischen dir und einem anderen ist!"[95]

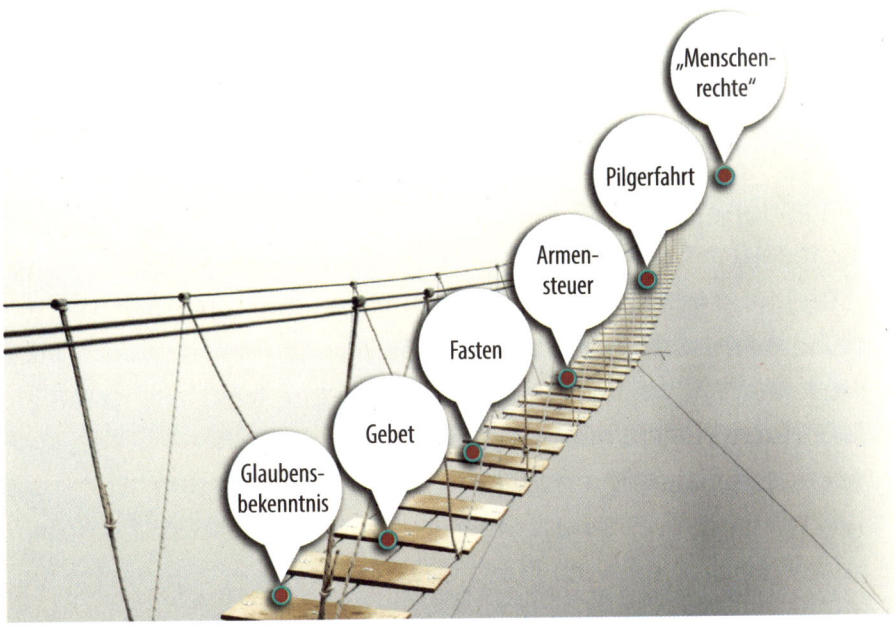

Die einzelnen Stationen auf der Brücke ins Paradies

Wie und ob überhaupt man über die Brücke kommt, hängt also einzig und allein davon ab, wie man sich während seines irdischen Lebens verhalten hat. Die einen Menschen haben sich ganz und gar dem Erhabenen Allah anvertraut und sind in der Erfüllung Seines Willens aufgegangen. Diese Gottesfreunde werden schnell wie ein Blitz über die Brücke sausen und die Gefahren, die auf diesem Weg lauern, gar nicht wahrnehmen. Andere waren in ihrem Leben nachlässiger und nicht immer ihrem Schöpfer zugewandt und werden dementsprechend langsamer die Brücke überqueren und hierbei viele Ängste ausstehen müssen und einige Schrammen abbekommen. Wieder andere schaffen den Weg nur unter größten Anstrengungen und dies auch nur, weil Muhammed, der Geliebte Allahs, für sie

---

95   El-Qurtubi: Et-Tedhkirah, S. 323.

Fürsprache einlegen wird. Allein das Handeln im diesseitigen Leben entscheidet also über das Wohl und Wehe im Jenseits: **„Wahrlich, jene die glauben und gute Werke tun, sind die besten der Geschöpfe. Ihr Lohn bei ihrem Herrn sind die Paradiesgärten von Eden, durcheilt von Flüssen. Ewig werden sie darin verweilen. Allah ist mit ihnen wohlzufrieden und sie sind wohlzufrieden mit Ihm. Dies ist für den, der seinen Herrn fürchtet."**[96]

Und an anderer Stelle im Edlen Quran heißt es über jene Menschen, die nicht an den Erhabenen Allahﷻ und Seinen Gesandtenﷺ glaubten: **„Diejenigen, die Unsere Zeichen verleugnen, werden Wir gewiss einem Feuer aussetzen. Jedes Mal, wenn ihre Haut verbrannt ist, tauschen Wir sie ihnen gegen eine andere Haut ein, damit sie die Strafe kosten. Allah ist allmächtig, allweise!"**[97]

---

96   98. Sura: El-Beyyineh, Vers 7f.
97   4. Sura: En-Nisa, Vers 56.

Der Glaube an die Vorherbestimmung

„Wer fromme Werke vollbringt, der tut dies zu seinem eigenen Vorteil und wer Schlechtes tut, der schadet sich nur selbst." [98]

Ebul Qasim el-Hakim es-Semerqandi ﷺ schreibt in seinem berühmten Werk „Es-Sewadul A'dham"[99] über die Vorherbestimmung: „Wisse, dass die Vorherbestimmung Allahs vier Aspekte umfasst: Die Vorherbestimmung des Gehorsams (gegenüber Allah﷽), die Vorherbestimmung des Ungehorsams (gegenüber Allah﷽), die Vorherbestimmung des Wohlstands, (der einem durch Allah﷽ gewährt wird) und die Vorherbestimmung der Drangsal, (die einem von Allah﷽ auferlegt wird).

Das richtige Verhalten (des Gottesdieners) ist nun dieses: Wenn der Erhabene Allah﷽ Seinen Diener zum Gehorsam bestimmt hat, dann wendet sich dieser solange mit äußerster Bemühung und Lauterkeit dem Erhabenen Allah﷽ zu, bis ihm Dieser (in seinen Bemühungen) Erfolg verleiht. Dies wegen des Ausspruchs des Erhabenen Allah﷽ : **„Und jene, die sich um uns bemühen, werden Wir mit Sicherheit auf den rechten Weg führen."**[100]

Und wenn der Erhabene Allah﷽ ihn zum Ungehorsam bestimmt hat, dann wendet sich dieser (dem Erhabenen Allah﷽) solange mit Reumütigkeit, Schuldeingeständnis und Bußfertigkeit zu, bis der Erhabene Allah﷽ seine Reue annimmt und ihm vergibt. Dies wegen des Ausspruchs des Erhabenen Allah﷽ : **„Wahrlich liebt Allah die Reumütigen und die sich Läuternden."**[101]

---

98   45. Sura: El-Dschathiyeh, Vers 15.
99   Ebul Qasim el-Hakim es-Semerqandi: „Es-Sewadul A'dham", S. 21f.
100 29. Sura: El-Ankebut, Vers 69.
101 2. Sura: El-Baqarah, Vers 222.

Und wenn der Erhabene Allah für Seinen Diener den Wohlstand bestimmt hat, dann ist dieser solange dankbar und freigiebig, bis ihm der Erhabene Allah mit noch mehr Wohlstand beschenkt. Dies wegen des Ausspruchs des Erhabenen Allah : **„Wenn ihr dankbar seid, so will Ich euch fürwahr mehr geben."**[102]

Und wenn der Erhabene Allah für ihn die Drangsal bestimmt hat, dann wendet sich dieser (dem Erhabenen Allah) solange in Duldsamkeit und Ergebenheit zu, bis ihn der Erhabene Allah mit dem Jenseits belohnt. Dies wegen des Ausspruchs des Erhabenen Allah : **„Wahrlich, die Duldsamen werden ihren vollen Lohn erhalten, ohne dass mit ihnen abgerechnet wird."**[103]

Und so kann der Diener also aus all seinen Lebenssituationen den größtmöglichen Nutzen ziehen, sofern er sich nur richtig verhält. Und dies ist der Sinn des prophetischen Ausspruchs: *„Der Zustand des Gläubigen ist erstaunlich, denn all seine Angelegenheiten sind gut für ihn und dies ist nur bei den Gläubigen so. Wenn er eine Wohltat erfährt, dankt er (Allah) dafür und so ist es gut für ihn. Und wenn ihm ein Schaden widerfährt, übt er sich in Geduld und so ist es gut für ihn."* [104]

Der Erhabene Allah weiß über alle Taten aller Menschen schon seit jeher - also schon längst, bevor die Menschen ihre Taten während ihres Aufenthalts in dieser Welt vollbringen - Bescheid. All dies ist auf der „Wohlverwahrten Tafel" im obersten Himmel bereits verzeichnet.[105]

Dies bedeutet aber nicht, dass der Mensch dazu gezwungen ist, diese Taten zu begehen, denn der Erhabene Allah hat ihm einen freien Willen und einen Verstand mit auf den Weg gegeben, mit deren Hilfe der Mensch in jedem Augenblick seines Lebens selbstverantwortlich

---

102 14. Sura: Ibrahim, Vers 7.
103 39. Sura: Ez-Zumer, Vers 7.
104 Muslim, Nr. 7692.
105 Hierzu schreibt El-Beghawi in seinem „Scherhu Sunneh": „Der Erhabene Allah erschafft die Taten Seiner Diener, ihre guten und ihre schlechten Taten, und hat diese bereits für sie auf der Wohlverwahrten Tafel verzeichnet, bevor Er Seine Diener erschafft." (El-Beghawi: Scherhu Sunneh: Band 1, S. 142.

und selbstbestimmt eine gute oder eine schlechte Handlungsoption wählen kann.

Imam Ebu Hanifeh ﷺ schreibt hierzu: „Und Allah﷽ ist seit jeher Derjenige, Der Wissen von den Dingen besitzt, noch bevor diese ins Dasein gerufen werden. Und Er ist Jener, Der die Dinge vorherbestimmte und beschrieb, wie ihr Geschick sein wird. Und es gibt weder im Diesseits noch im Jenseits Dinge, ohne Sein Wollen, Sein Wissen, Seine Fügung, Seine Vorherbestimmung und ohne, dass diese auf der Wohlverwahrten Tafel niedergeschrieben wurden. Aber diese wurden darauf in einer beschreibenden Art niedergeschrieben und nicht auf eine vorschreibende und festschreibende Art."[106]

Nur gewisse Eckpunkte im Leben des Menschen sind in dem Sinne vorherbestimmt, dass er hierbei kein Mitspracherecht hat, so beispielsweise wann er wo geboren wird, wer seine Eltern sind, ob er zu den Armen oder den Reichen unter den Erdenbewohnern gehören wird und wann und wo er wieder versterben wird. Der Gesandte Allahs ﷺ sagte hierzu:

„Wahrlich beauftragt der Erhabene Allah einen Engel mit der Gebärmutter. Und (wenn dann eine Frau schwanger wird) ruft dieser: „O Herr, ein Tropfen! O Herr, ein Blutklumpen! O Herr, ein Fleischklumpen!" Und wenn dann die Gestalt (des Fötus) festgelegt werden soll, ruft der Engel: „O Herr! Männlich oder weiblich? Glückselig oder unglückselig? Wie viel Lebensunterhalt und welche Frist?" Und dann wird dies alles im Bauch seiner Mutter festgeschrieben."[107]

Im Übrigen geschehen alle Taten des Menschen im Einklang mit dem Willen (Iradeh) des Erhabenen Allah﷽. Und dies bedeutet, dass er nichts tun kann, was der Erhabene Allah﷽ nicht will, denn Dieser ist nicht nur der Erschaffer des Menschen, sondern auch der Erschaffer all seiner Taten. Dies bedeutet aber nicht, dass nur, weil eine Sache

---

106 Ebu Hanifeh: Fiqhul Ekber. In Molla Ali el-Qari: Scherhu Kitabul Fiqhul Ekber, S. 72ff.
107 El-Bukhari: Sahih, Nr. 318.

im Einklang mit dem Willen des Erhabenen Allahﷻ geschieht, Dieser diese Sache auch gutheißt und billigt, sondern dies bedeutet nur, dass Er sie zulässt und geschehen lässt.

Alle Taten der Menschen geschehen im Einklang mit dem Willen Allahs und nichts geschieht gegen Seinen Willen. Der Gesandte Allahs ﷺ sagte hierzu: *„Was Allah will, das geschieht und was Er nicht will, das geschieht nicht!"*[108]

Und im Edlen Quran heißt es hierzu: **„Wenn Wir eine Sache wollen, ist Unser Wort dazu lediglich zu ihr zu sprechen: „Sei!" und sie ist."**[109]

Dies bedeutet aber nicht, dass der Erhabene Allahﷻ hässliche Handlungen, Ungehorsam oder Unglauben seiner Diener gutheißt oder gar schön findet, nur weil diese Seinem Willen entsprechen. Denn hierbei muss man zwischen Befehl und Willen unterscheiden: Der Erhabene Allahﷻ befiehlt den Menschen nicht den Ungehorsam gegen Ihn und Er zwingt ihnen diesen auch nicht auf. Im Edlen Quran heißt es dazu: **„Wer (etwas) Rechtes tut, der tut es für sich selbst. Und wer (etwas) Schlechtes tut, der tut es zu seinem (eigenen) Schaden. Dein Herr ist Seinem Diener gegenüber nicht ungerecht."**[110]

Und dass dieser Grundsatz auch dafür gilt, ob sich der Diener für den Glauben oder den Unglauben entscheidet, wird von folgendem Quranvers bestätigt: **„Sprich: „Es ist die Wahrheit von eurem Herrn!" Wer nun will, der möge glauben und wer nicht will, der möge nicht glauben!"**[111]

---

108 Ebu Dawud: El-Edeb, Nr. 110.
109 16. Sura: En-Nahl, Vers 40.
110 41. Sura: Fusilet, Vers 46.
111 18. Sura: El-Kehf, Vers 29.

Das Festhalten an den Regeln des Halal und Haram

Zum Themenbereich „Iman" gehört auch die Beachtung der Regeln des Halal und Haram, also das Festhalten an jenen Dingen die uns der Erhabene Allahﷻ erlaubt hat (halal) und das Meiden jener Dinge, die uns der Erhabene Allahﷻ verboten hat (haram). Dies ist einer der wichtigsten Themenbereiche im Islam überhaupt, denn er betrifft nicht nur fast alle Lebensbereiche des Muslims, sondern entscheidet auch darüber mit, ob der Muslim im Jenseits belohnt oder bestraft wird.

Und weil die Beschäftigung mit den Regeln des Halal und Haram eine so ernste Angelegenheit ist, herrscht Konsens unter den Gelehrten, dass dies zu den individuellen Pflichten eines jeden Muslims gehört und sich also jeder Gläubige mit diesen Dingen intensiv auseinandersetzen muss.

Der Prophetengefährte Dschabir Bin Abdullah ﷺ berichtet uns davon, wie eines Tages ein Mann zum Gesandten Allahs ﷺ kam und diesen fragte: „Meinst du, dass ich ins Paradies komme, wenn ich mich darauf beschränke, die vorgeschriebenen Gebete zu verrichten, im Ramadan zu fasten und das Erlaubte als erlaubt und das Verbotene als verboten anzusehen?" Dieser antwortete dem Mann: „Ja!"[112]

Die Gelehrten interpretieren den Ausspruch „das Erlaubte als erlaubt und das Verbotene als verboten ansehen" wie folgt: „Dies bedeutet, dass man daran glauben muss, dass das Erlaubte erlaubt und das Verbotene verboten ist, und man sich zusätzlich dazu von den verbotenen Dingen fernhält. Hierbei bedeutet „das Erlaubte als erlaubt anzusehen", dass man es als erlaubt ansieht, die erlaubten Handlungen auszuführen und „das Verbotene als verboten

---

112 Muslim: El-Iman, 15/18.

anzusehen" bedeutet, dass man es als verboten ansieht, die verbotenen Handlungen auszuführen."

An dieser Aussage sieht man, dass die Beschäftigung mit dem Thema Halal und Haram nicht nur den Bereich der islamischen Rechtslehre betrifft, sondern ein fester Bestandteil der Glaubensgrundsätze des Islam ist. Denn wer nicht daran glaubt, dass Dinge, die eindeutig haram sind, verbotene Dinge sind und Dinge, die eindeutig halal sind, erlaubte Dinge sind, fällt genauso aus dem Glauben heraus, wie einer, der ein Haram zum Halal oder ein Halal zum Haram macht.

Die Strafandrohung für das „Halal-Machen" eines Haram und das „Haram-Machen" eines Halal ist deshalb so hoch, weil die Religion nur Bestand haben kann, wenn die Ge- und Verbote des Erhabenen Allah﷾ Bestand haben. Werden diese mit der Zeit immer mehr aufgeweicht und verändert, wird auch die Religion mit der Zeit immer mehr aufgeweicht und verändert und am Ende dieses Prozesses steht nichts anderes, als eine neue Religion, die mit dem Islam nicht mehr viel gemein hat.

In diesem Sinne spricht der Erhabene Allah﷾ im Edlen Quran: **„O ihr Gläubigen! Verbietet nicht das Schöne, das euch Allah erlaubt hat und überschreitet nicht die Grenzen! Allah liebt die Grenzüberschreiter nicht! Esst von den erlaubten und reinen Dingen, die euch Allah zur Verfügung gestellt hat und fürchtet Allah, an Den ihr glaubt!"**[113]

Weil ein Mensch seinen Glauben nur dann schützen kann, wenn er weiß, was erlaubt und was verboten ist, ist es folgerichtig, dass die Beschäftigung mit den Regeln des Halal und Haram die individuelle Pflicht (Fard el-Ayn) eines jeden einzelnen Muslims ist.

---

113 5. Sura: El-Ma'ideh, Vers 87f.

Hierüber sagte der Gesandte Allahs ﷺ nicht nur: *„Das Anstreben des Halal ist die Pflicht eines jeden Muslims!"*[114], sondern er sagte auch: *„Das Anstreben des Wissens ist die Pflicht eines jeden Muslims!"* [115]

Die Gelehrten führen diese beiden Aussagen des Propheten ﷺ zusammen und sagen: „Dies bedeutet, dass das Anstreben des Wissens bezüglich des Halal und Haram die Pflicht eines jeden Muslims ist und dass beide Hadithe mit ihrer Aussage ein und denselben Zweck verfolgen!"

Die Beachtung des Halal und Haram ist die Grundlage allen Handelns

Was Halal und was Haram ist, leitet sich aus den beiden Primärquellen des Islam, dem Edlen Quran und der Sunneh, her. Nur wenn hierfür die Rechtsgrundlage eindeutig und unmissverständlich ist, wagen es die Gelehrten, eine Sache für halal oder haram zu erklären. Dinge, bei denen diesbezüglich Zweifel bestehen, werden von den Gelehrten nicht für halal oder haram erklärt, sondern irgendwo in der Mitte zwischen diesen beiden Extremen angesiedelt.

Der Gesandte Allahs ﷺ sagte hierzu: *„Das Erlaubte wurde eindeutig dargelegt und das Verbotene wurde eindeutig dargelegt. Dazwischen (liegen) die zweifelhaften Dinge. Den meisten Menschen ist (deren religiöse Wertung) nicht bekannt (und sie wissen nicht, ob diese näher am Halal oder näher am Haram liegen). Wer nun vor dem Zweifelhaften zurückschreckt, bewahrt seinen Glauben und seine Ehre. Wer sich (aber) auf das Zweifelhafte einlässt, lässt sich (auch) auf das Verbotene ein. (Er ist) wie der Hirte, der (seine Tiere) um den geschützten Bezirk herum weiden lässt und da fehlt dann wenig daran,*

---

114 Taberani: El-Ewsat, Nr. 8610.
115 Ibn Madscheh: Sunen, Nr. 224.

dass er (seine Tiere) im heiligen Bezirk grasen lässt. Gewiss hat ein jeder Herrscher seinen heiligen Bezirk und gewiss besteht der heilige Bezirk Allahs aus Seinen Verboten!"[116]

Wir alle gehören zu jenen Schafen, die grasend über die Weiden dieser Welt ziehen. Unser Hirte ist hierbei der Islam, der uns erklärt, welche irdischen Gewächse uns eindeutig erlaubt und welche uns verboten sind. Folgen wir diesem Hirten und halten wir uns an seine Anweisungen, ist unsere Milch fett und unsere Lämmer sind gesund. Tun wir dies nicht, nehmen nicht nur wir selbst Schaden an den verbotenen Gewächsen, sondern auch unsere Familie und unser Nachwuchs.

Wer seine Familie auf erlaubte Weise versorgen möchte, muss als erstes wissen, wie er sein Geld auf erlaubte Weise verdienen kann, also welche Formen des Erwerbs, des Handels, der Kapitalvermehrung und gegebenenfalls auch welche Arten von Darlehen und Krediten halal sind. Denn wenn seine Einkünfte nicht auf erlaubte Art und Weise zustande gekommen sind, sind auch all jene Dinge, die er mit seinem Geld für sich und seine Familie erwirbt, nicht halal. Und so entscheidet also das Halal oder das Haram des Verdienstes dabei mit, ob die damit erworbenen Dinge halal oder haram sind, selbst wenn diese erworbenen Dinge an sich halal sind.

Der Gesandte Allahsﷺ verdeutlicht diesen Umstand anhand folgenden Beispiels: *„Wer Textilien im Wert von zehn Silbermünzen verkauft und bei dieser Einnahme nur eine Silbermünze haram ist, dessen Gebet wird solange nicht von Allah akzeptiert, wie sich noch etwas von diesem Geld (also den zehn Silbermünzen) in seinem Besitz befindet!"* [117]

Das Gebet steht hier symbolisch für alle Arten von gottesdienstlichen Handlungen (Ibadeh) und die Textilien für alle Arten von Waren, mit denen man handelt. Wer also beispielsweise vor dem Verkauf eines

---

116 Muslim: Musaqah, Nr. 1599.
117 Ahmed: Musned, 98/2.

Autos den Tachostand verändert, bei einem Geschäft Mängel an der Ware verschweigt, die Stundenabrechnung seiner erbrachten Leistung schönt, beim Abwiegen von Lebensmitteln die Waage manipuliert oder andere Arten des Betrugs begeht, verunreinigt seinen Verdienst mit Haram und braucht nicht darauf zu hoffen, dass seine Ibadeh akzeptiert wird, selbst wenn er sonst ein noch so frommes Leben führt. Trotzdem ist er aber natürlich auch in diesem Fall dazu verpflichtet, die vorgeschriebenen Arten der Ibadeh auszuführen. Die meisten Gelehrten gehen davon aus, dass der Prophet ﷺ in dieser Hadith mit „dessen Gebet wird nicht von Allah akzeptiert", meinte, dass man solange keinen göttlichen Lohn für die Ausführung seiner Ibadeh erhält, wie man seinen Lebensunterhalt auf Haram-Einnahmen stützt.

Wie wichtig es ist, seine Ibadeh auf den erlaubten Erwerb seines Lebensunterhalts zu stützen, bekräftigt der Gesandte Allahs ﷺ denn auch mit folgender Aussage: *„Die Ibadeh hat zehn Teile: Neun davon bestehen aus dem Erwerb des Halal!"*[118]

Und er ﷺ sagte: *„Wen es nicht kümmert, woher er sein Geld bezieht, bei dem kümmert es Allah nicht, wenn er ins Feuer geworfen wird!"*[119]

Und er ﷺ sagte ebenfalls: *„Wer abends vom erlaubten Gelderwerb erschöpft ins Bett geht, verbringt die Nacht in der Verzeihung Allahs und wenn er aufsteht, ist Allah mit ihm zufrieden!"*[120]

Es ist also auf jeden Fall besser, eine Arbeit zu haben, bei der man auf erlaubte Weise wenig Geld verdient, als eine Arbeit, bei der man auf verbotene Weise viel Geld verdient, denn wenn man dabei den jenseitigen Lohn miteinberechnet, ist der Schlechtverdiener unter den beiden ein Großverdiener, der Großverdiener der beiden aber einer, der in Wirklichkeit tief im Verlust ist.

---

118 El-Ghazali: Ihya'u Ulumuddin: Halal we Haram; Band 3, S. 349.
119 Ebu Nu'aym: Tarikh el-Esbahan, Band 1, S. 399.
120 Et-Taberani: El-Ewsat, Nr. 7516.

Der erlaubte Gelderwerb ist die Basis und erst wenn das Geld halal ist, können auch jene Güter wirklich halal sein, die man dafür kauft und jene Taten wirklich halal sein, die man vollbringt, indem man diese Güter nutzt.

Wer seinen Magen schützt, schützt seine Religion

Die Großen der Religion sagen: „Das Essen ist die Keimzelle aller Taten: Wenn man Erlaubtes in den Magen hineinsteckt, kommt dabei Erlaubtes heraus, wenn man Verbotenes in den Magen hineinsteckt, kommt dabei Verbotenes heraus und wenn man Zweifelhaftes in den Magen hineinsteckt, kommt dabei Zweifelhaftes heraus!"

An dieser Aussage sieht man, dass es besonders wichtig ist, seinen Magen vor allen Arten von verbotenen Lebensmitteln zu schützen, denn alle Dinge, die man sich einverleibt wirken sich auf die ein- oder andere Weise auf die anderen Körperglieder aus. Der Prophet ﷺ sagte dazu: *„Der Magen ist das Wasserbecken des Körpers und die Adern sind seine Zu- und Abflüsse, (die in die restlichen Körperregionen führen und diese bewässern). Wenn der Magen gesund ist, tritt aus den Adern Gesundheit hervor und wenn der Magen krank ist, tritt aus den Adern Krankheit hervor!"*[121]

Wer seinen Magen nicht vor dem Haram schützt, kann auch seine restlichen Körperglieder nicht vor dem Begehen von Haram schützen. Er schafft es nicht, seine Augen vor den verbotenen Dingen zu senken, seine Zunge zu hüten und sein Herz reinzuhalten, genauso wie dies der große Gotteskenner Sehl et-Tusteri ﷺ einst sagte: *„Wer Haram isst, dessen Körperteile begehen sieben Sünden, ob er dies nun will oder nicht will und wer Halal isst, dessen Körperteile beschäftigen*

---

121 Et-Taberani: El-Ewsat, Nr. 4340.

sich mit dem Gehorsamsdienst am Erhabenen Allah und handeln im Einklang mit Dessen Willen!"[122]

In diesem Sinne überliefert Imam el-Ghazali folgenden Ausspruch des Gesandten Allahs: „Wer sich 40 Tage ausschließlich von Halal ernährt, dem erleuchtet Allah sein Herz und darin entsteht Weisheit, die von seinem Herz auf seine Zunge fließt!"[123]

---

122 El-Attar: Tedhkiratul Ewliya, S. 290.
123 El-Ghazali: Ihya'u Ulumuddin: Halal we Haram; Band 3, S. 348.

Ihsan

„Und spendet auf dem Wege Allahs und stürzt euch nicht durch die Taten eurer eigenen Hände ins Verderben und handelt nach (den Prinzipien des) Ihsan. Wahrlich liebt Allah diejenigen, die nach (den Prinzipien des) Ihsan handeln."[124]

Ihsan bedeutet wörtlich sowohl „Wohlhandeln" als auch „etwas auf vollkommene Art und Weise und in vollkommener Hingabe und Ergebenheit zu tun". Beides ist im islamischen Kontext natürlich auf den Erhabenen Allah bezogen. Und hier ist Ihsan dann, „in vollkommener Hingabe für das Wohlgefallen des Erhabenen Allah zu handeln".

Der Mensch muss also sein Wohlhandeln immer auf den Erhabenen Allah beziehen und damit Dessen Wohlgefallen anstreben, damit sein Wohlhandeln ein echtes Wohlhandeln ist. Wenn ein Handeln hingegen nicht auf den Erhabenen Allah bezogen ist, kann daraus gar kein echtes Wohlhandeln entstehen, weil ihm falsche Absichten wie die Erzielung des Wohlgefallens der Mitmenschen oder die Verfolgung andere Interessen der Triebseele zugrunde liegen.

Und so ist echtes Wohlhandeln nur dann gegeben, wenn der Adressat des Handelns ausschließlich der Erhabene Allah ist und Diesem hierbei keine Teilhaber an die Seite gestellt werden. So eine Teilhaberschaft könnte beispielsweise darin bestehen, dass man nicht nur für das Wohlgefallen des Erhabenen Allah handelt, sondern auch für die Augen der Mitmenschen und dann ist die Absicht, die hinter dem Handeln liegt, nicht mehr rein und lauter, sondern von den Interessen der Triebseele beeinflusst und verunreinigt. Und dann mangelt es der Handlung an Ihsan, weil man bei seinem Handeln vergessen hat,

---

124 2. Sura: El-Baqarah, Vers 195.

dass man stets vom Erhabenen Allah﷽ beobachtet wird und deshalb zugelassen hat, dass sich die Triebseele zum Teilhaber am Handeln machte.

Ihsan kann eine Person nur dann erreichen, wenn dieses Hand in Hand mit ihrem Iman und Islam geht. Oder anders ausgedrückt: Wer Vollkommenheit im Bereich des Ihsan erlangen und sich seinem Herrn in vollkommener Ergebenheit und reiner Aufrichtigkeit hingeben möchte, dessen Glaubensbild (Iman) und Glaubenshandeln (Islam) müssen ebenfalls vollkommen und rein von allen falschen Glaubensvorstellungen und unerwünschten Glaubenspraktiken sein. Dies ist die Grundvoraussetzung des Ihsan.

Aber selbst wenn das Glaubensbild einer Person noch so richtig und ihr Glaubenshandeln noch so fromm sein sollte, wird sie es trotzdem nicht schaffen, sich von der Einflüsterung des Teufels und der Beeinflussung durch ihrer Triebseele frei zu machen, solange sie nicht alle Einfallstore ihres Herzens vor der teuflischen Einflüsterung verschlossen und nicht alle Arten der triebgesteuerten Weltenliebe aus ihrem Herz verbannt hat.

Der Kenner der Herzen, Imam el-Ghazali ﵁, schreibt hierzu: „Denk einmal gut darüber nach, ob nicht das Gebet die höchste Form deines Gottgedenkens und deines Glaubenshandelns ist! Beobachte einmal während des Gebets dein Herz, dann wirst du sehen, wie dich der Scheytan darin auf die Marktplätze dieser Welt entführt und wie du darin durch die Täler dieser Welt spazierst! [...] Das Gebet ist der Streiter des Herzens und in ihm offenbaren sich die guten und die schlechten Dinge (in ihrer Reinform). Und das Gebet eines Herzens, das mit den irdischen Begierden überfrachtet ist, wird nicht akzeptiert! Gewiss kannst du den Scheytan nicht nur von deinem Gebet fernhalten, sondern manchmal wird dessen Einflüsterung in dein Herz während des Gebets sogar noch stärker (als außerhalb des Gebets)!"[125]

---

125 El-Ghazali: Ihya'u Ulumu Din: Adscheybul Qulub.

Das Ziel des Beschreiters des göttlichen Pfades ist es aber doch gerade, den Erhabenen Allah in aller Lauterkeit, frei von allen teuflischen Einflüsterungen und irdischen Anhaftungen anzubeten. Im Edlen Quran heißt es hierzu: **„Es war ihnen jedoch nichts anderes geboten worden, als Allah zu dienen, reinen Glaubens und lauter das Gebet zu verrichten und die Armensteuer zu entrichten, denn das ist die richtige Religion."[126]**

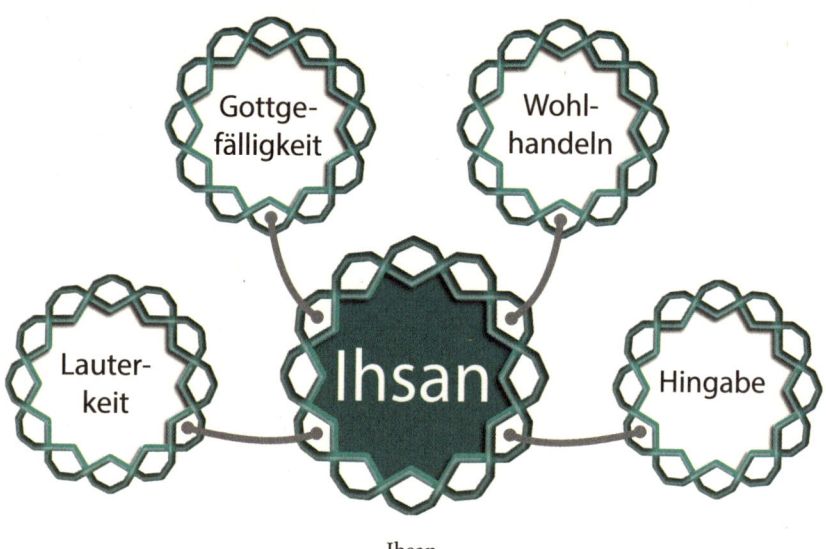

Ihsan

Um gottgefällig handeln zu können, muss der Gläubige die Ge- und Verbote seiner Religion - also den Islam-Pfeiler - beachten, denn diese weisen ihm den rechten Weg und zeigen ihm, welche Handlungen erlaubt und welche verboten sind. Und er muss die Glaubensgrundsätze - also den Iman-Pfeiler - erlernen, denn diese vermitteln ihm das richtige Gottesbild und bewahren ihn vor falschen Vorstellungen und Irrlehren. Erst wenn diese beiden Dinge bei einem Gläubigen sitzen, hat er den Grundstein für die Erlangung des hohen Zustandes des Ihsan gelegt.

---

126 98. Sura: El-Beyyineh, Vers 5.

Damit er anschließend aber auf diese hohe Stufe emporsteigen kann, muss der Gläubige sein Herz zu einer Wüste machen, in der ihn weder die Liebe zur Erlangung des Wohlgefallens seiner Mitmenschen noch die Anhaftungen an die irdischen Dinge vom reinen Gottgedenken ablenken. Diesen Zustand nennt man „Faqr", was wörtlich soviel wie „Armut" bedeutet, in unserem Sinne aber die Freiheit des Herzens von allen irdischen Anhaftungen und allen Arten der Beschäftigung mit der irdischen Welt ist.

Ebu Yezid el-Bistami (804 – 874) ﷺ hatte das hohe Gut des Ihsan erlangt und beschreibt, wie es ihm erging, als er in diesen Zustand überging: „Ich zerriss 70.000 Stricke und da blieb nur noch ein einziger Strick übrig, den es zu zerreißen galt. Aber da ich es nicht schaffte, ihn zu zerreißen, flehte ich den Erhabenen Allahﷻ an, mir dabei zu helfen und sprach: „O mein Gott! Gib mir die Kraft, auch noch diesen einen Strick zu zerreißen!"

Da hörte ich eine Stimme aus der verborgenen Welt rufen: „O Ebu Yezid! Du löstest alle Stricke! Aber diesen einen Strick wirst du niemals lösen können, denn dieser ist mit Uns verbunden!"[127]

70.000 Stricke, 70.000 Anhaftungen an diese Welt, 70.000 Schleier zwischen uns und unserem Herrn, die es zu zerreißen gilt, bevor wir wirklich dauerhaft das reine Bewusstsein dessen erlangen können, dass uns der Erhabene Allahﷻ jederzeit sieht und nur Er allein der Anbetung würdig ist.

Und 70.000 Anhaftungen aus dem Herz zu verbannen, 70.000 Einfallstore des Scheytan zum Herz zu verschließen, 70.000 Götzen zu zerschlagen, dauert natürlich seine Zeit. Ebu Yezid ﷺ beispielsweise sagte hierzu, dass er 30 Jahre dafür brauchte, bis er all jene 70.000 Stricke durchtrennt hatte, die sein Herz mit dieser Welt verbanden. Kein Wunder also, dass man das Ihsan mit Fug und Recht als die

---

127 El-Attar: Tedhkiratul Ewliya: Ebu Yezid el-Bistami ﷺ.

Königsdisziplin des islamischen Glaubens und Handelns bezeichnen kann, denn dieses steht ganz am Ende des göttlichen Pfads und wird von vielen Muslimen ihr Leben lang nicht erreicht.

Doch auch, wenn die Erlangung des Ihsan so schwierig ist, ist dies trotzdem die Pflicht eines jeden Gläubigen, denn nur dann ist es ihm möglich, dem Erhabenen Allahﷻ so zu dienen, wie es Ihm gebührt und wie es Dieser von Seinem Diener verlangt. Der Gesandte Allahs ﷺ sagte hierzu: *„Wahrlich hat (uns) Allah vorgeschrieben, alle Handlungen mit Ihsan auszuführen."*[128]

Und in der Dschibril-Hadith definierte er für uns den Ihsan folgendermaßen: *„(Ihsan ist,) dass du Allah so anbetest, als ob du Ihn sehen würdest. Und auch wenn du Ihn nicht sehen kannst, wahrlich so sieht doch Er dich."*[129]

Der Muslim sollte also all seine Mühe darauf verlegen, einen Zustand zu erlangen, in dem er jeden einzelnen Augenblick seines Lebens in dem hohen Bewusstsein verbringt, dass der Erhabene Allahﷻ Zeuge all seiner Handlungen, Gedanken und Herzensregungen ist. In diesem Sinne bekam der große Gottesfreund Sehl et-Tusteri ﷺ im Alter von sechs Jahren von seinem Onkel folgenden Rat: „Sprich jede Nacht, bevor du dich schlafen legst, im Inneren deines Herzens elfmal: „Allah ist bei mir! Allah ist mein Zeuge! Allah sieht mich!" Dies wird dir viel Nutzen in deinem späteren Leben bringen!"

Später berichtete Sehl ﷺ hierüber, dass dies einer der Hauptgründe dafür war, warum er den Zustand des Ihsan erreicht hatte.[130]

Das Bewusstsein des ständigen Beisammenseins mit dem Erhabenen Allahﷻ steigert die Gottesfurcht und führt dazu, dass der Diener vor allen Arten verbotener und zweifelhafter Handlungen und allen Formen des schlechten Benehmens zurückschreckt. Hierbei muss er versuchen,

---

128 Muslim: „Sayd", Nr. 1955.
129 Muslim: Kitabul Iman, Nr. 8.
130 El-Attar: Tedhkiratul Ewliya: Sehl et-Tusteri.

jede Sekunde seines Lebens Allahs gewahr zu sein, sein ganzes Wesen auf Ihn auszurichten und den Zustand des Selbstbewusstseins und der Gottvergessenheit mit dem Zustand des Gottbewusstseins und des Gottgedenkens zu tauschen. Im Edlen Quran heißt es hierzu: **„Und gedenke des Namens deines Herrn und widme dich Ihm ganz allein."**[131]

Tut er dies, dann fängt die Kerze der Gottesliebe in seinem Herz Feuer und erhellt dieses unaufhörlich mit dem Licht Allahs. Dieses Licht reinigt das Herz des Gläubigen von allen Verunreinigungen und leuchtet jeden Winkel darin aus. Alle Schatten des Zweifels und der Verunsicherung verschwinden daraus und er steigt auf die Rangstufe jener fortwährenden Glaubensgewissheit empor, auf der er jederzeit gute von schlechten Dingen und göttliche von teuflischen Eingebungen unterscheiden kann. Frei von Zweifeln und Fehlinterpretationen kommt sein Herz zur Ruhe in Allah und tritt seinen Heilsweg an: **„Jenen, die Allah und Seinem Gesandten folgten, nachdem ihnen (bei Uhud) eine Wunde beigebracht wurde, wird gewaltiger Lohn zuteil, sofern sie wohlhandelten (Ihsan) und gottesfürchtig waren (Taqwa)."**[132]

Die Kämpfer der Schlacht von Uhud, die in diesem Quranvers genannt werden, trugen dieses Licht der Glaubensgewissheit in ihren Herzen. Sie zweifelten keinen Moment daran, dass der Weg Allahs und Seines Gesandten nicht der richtige sei, nur weil sie gerade einen Dämpfer in einer Schlacht erhalten hatten. Ihsan (Hingabe) und Taqwa (Gottesfurcht) waren die offensichtlichen Früchte ihrer Gewissheit und diese Gewissheit konnte von einer kleinen Niederlage nicht ins Wanken gebracht werden...

Ihsan und Taqwa gehören zusammen wie Mann und Frau, sie sind untrennbar miteinander verbunden, sie sind zwei Seiten derselben Medaille. Erst sie beide zusammen führen zur Gewissheit, zum unerschütterlichen Glauben an Allah und Seinen gesegneten Propheten:

---

131 73. Sura: El-Muzzemmil, Vers 8.
132 3. Sura: Alu Imran, Vers 172.

Je mehr Gottesfurcht ein Mensch bekommt, desto mehr neigt er zum Wohlhandeln und desto fester wird sein Iman. Und je fester sein Iman wird, desto besser handelt er und desto größer wird seine Gottesfurcht. In diesem magischen Dreieck schaukeln sich diese Eigenschaften gegenseitig hoch und höher und schlussendlich erlangt der Gläubige einen Zustand, in dem er alles, was er macht, sagt oder denkt auf vollkommene Art und Weise tut und dabei das Ziel nie aus den Augen verliert: So zu handeln, dass er seinen Schöpfer vollkommen zufrieden stellt.

Wie kann man nun diesen Zustand des vollkommenen Handelns erreichen? Ein islamisches Sprichwort gibt darauf die Antwort: „Gutes Benehmen ist die Hälfte der Religion." Die andere Hälfte ist die Gottesfurcht. Will ein Mensch Ihsan erlangen, muss er sich gegenüber seinem Ehepartner, seinen Eltern, Kindern, Verwandten, Freunden, Nachbarn, Mitmenschen und Mitgeschöpfen freundlich, bescheiden, hilfsbereit, geduldig, nachsichtig, sanftmütig, mitfühlend und großmütig verhalten. Er muss seine Neigung zum Schlechten, zu Schamlosigkeit, Grobheit, Rücksichtslosigkeit, Ungeduld, Geiz, Neid und Egoismus solange immer wieder aufs Neue überwinden, bis sich sein Herz aller schlechten Charaktereigenschaften und Angewohnheiten entwöhnt und diese durch gute Charaktereigenschaften ersetzt hat. Sein Ziel muss es hierbei sein, dem schönen Charakter des Gesandten Allahs ﷺ so nahe wie möglich zu kommen. Denn das beste Benehmen aller Menschen hat der beste aller Menschen und der beste aller Menschen ist Muhammed ﷺ. Dieser Umstand wird vom Erhabenen Allah ﷻ im Edlen Quran hervorgehoben: **„Wahrlich, du hast einen erhabenen und großartigen Charakter."**[133]

Wer also den Zustand des Ihsan erreichen will, darf seine Triebseele nie aus dem Auge lassen und muss versuchen, ihre Tricks und Kniffe zu durchschauen und nicht zuzulassen, dass sie ihn überlistet. Sobald er

---

[133] 68. Sura: El-Qalem, Vers 4.

hierbei eine schlechte Angewohnheit an sich entdeckt, muss er alles dafür tun, dieser entgegenzuwirken und sich diese abzugewöhnen. Wenn er beispielsweise geizig ist, sollte er dem entgegenwirken, indem er besonders großzügig zu seinen Mitmenschen ist und wenn er hochmütig ist, sollte er sich gegenüber seinen Mitmenschen besonders demütig geben, diese bedienen und ihnen in allen Dingen den Vortritt lassen.

Kurz gesagt sollte er das Idealbild des prophetischen Charakters immer vor Augen haben und sich in all seinen Handlungen an der Sunneh des Gesandten ﷺ orientieren. Denn der Prophet ﷺ sagte doch in seiner Abschiedspredigt: *„Wahrlich habe ich euch etwas hinterlassen, wenn ihr daran festhaltet, dann werdet ihr niemals irregehen: Das Buch Allahs und die Sunneh Seines Propheten.“*[134]

Das Befolgen der Sunneh des Gesandten ﷺ ist der Schlüssel für das Verständnis des Edlen Quran und der Erlangung eines guten Charakters. Imam Ewza'i ﷺ, Mekhul ﷺ, Yahya Bin Ebi Kethir ﷺ und andere Große des Islam bestätigen dies, indem sie sagen: „Der Quran bedarf der (Erklärung durch die) Sunneh mehr, als die Sunneh des Quran. Die Sunneh ist der Richter über den Quran, aber der Quran ist nicht der Richter über die Sunneh.“[135]

Grund für diese Aussage ist, dass der Edle Quran nur durch die Erläuterungen des Gesandten ﷺ verstanden werden kann. Bei der Interpretation jedes einzelnen Quranverses muss der historische und gesellschaftliche Kontext seiner Entsendung berücksichtigt und überprüft werden, was der Gesandte ﷺ dazu sagte. Sonst läuft man Gefahr, den Edlen Quran falsch zu verstehen und in die Irre zu gehen.

Was Ihsan ist, kann ebenfalls nur verstanden werden, wenn man sich mit dem Leben des Gesandten Allahs ﷺ, also mit seiner Sunneh, auseinandersetzt. Die Sunneh gibt Antworten auf alle Lebensfragen und

---

134 Ibn Hischam: Sirah: „Khutbetu Rasuli fi Hadschetil Weda", S. 604.
135 Ed-Darami: „Sunen" in: El-Qadiri: „El-Khutbetu Sedid fi Usulil Hadith we Furu'il Aqideh", S. 9.

in allen Lebenslagen. Deshalb hat der Erhabene Allahﷻ Seine Religion dadurch geschützt, dass Er das gesamte Leben Seines Propheten ﷺ aufzeichnen und seine Aussprüche und Verhaltensweisen von seinen Gefährten ﷻ überliefern ließ.

Die Verpflichtung zum Wissenserwerb

„Wahrlich fürchten Allah nur die Wissenden unter Seinen Dienern."[136]

Gottesfurcht (Taqwa) kann nur erreichen, wer weiß, vor welchen Dingen er sich zu hüten hat. Er muss die Ge- und Verbote des Erhabenen Allahﷻ kennen und wissen, welche Dinge Ihm gefallen und welche Ihm missfallen. Nur auf diese Weise kann er das Wohlgefallen Allahs erlangen. Und da der Erhabene Allahﷻ Diener möchte, die mithilfe der Gottesfurcht Sein Wohlgefallen erlangen, hat Er ihnen aufgetragen, sich mit religiösem Wissen zu beschäftigen. Der Gesandte Allahs ﷺ sagte hierzu: *„Das Anstreben des (religiösen) Wissens ist die Pflicht eines jeden Muslims!"[137]*

Wer das meiste Wissen hat, entwickelt auch die größte Gottesfurcht und wer über die größte Gottesfurcht verfügt, genießt das höchste Ansehen beim Erhabenen Allahﷻ . Im Edlen Quran heißt es hierzu:

„Wahrlich ist der Bestangesehenste unter euch bei Allah der Gottesfürchtigste von euch!"[138]

Alle Muslime, die das Alter der Geschlechtsreife erreicht haben und über das notwendige geistige Unterscheidungsvermögen verfügen, gelten im Islam als „Verpflichtete" (Mukellef)[139]. Dies bedeutet, dass

---

136 35. Sura: Fatir, Vers 28.
137 Ibn Madscheh: Sunen, Nr. 224.
138 49. Sura: El-Hudschurat, Vers 13.
139 Zum „Mukellef" wird ein Junge, sobald er seinen ersten Samenerguss gehabt hat und ein Mädchen wird zur „Mukellefeh", sobald ihre Periode das erste Mal eingetreten ist. Geschieht dies nicht bis zur Erreichung des 15. Lebensjahres, dann gelten sie auch ohne Samenerguss oder Eintritt der Periode als Mukellef bzw.

sie dazu verpflichtet sind, dem Erhabenen Allah۩ zu dienen. Und um dem Erhabenen Allah۩ dienen zu können, ist es notwendig, im Besitz jenes Wissens zu sein, das dafür erforderlich ist, die Pflichtgottesdienste ausführen, das Pflichtfasten vollziehen und die göttlichen Ge- und Verbote einhalten zu können. Kinder von Muslimen erwerben dieses Wissen normalerweise schon in jungen Jahren in den Qurankursen der Moscheen, noch bevor sie ihr religiöses Erwachsenenalter erreichen und zu Verpflichteten werden. Und wenn sie dann schließlich ihre Geschlechtsreife erreichen, sind sie unmittelbar dazu in der Lage, ihren Pflichten gegenüber ihrem Schöpfer nachzukommen.

Für neue Muslimen gestaltet sich die Sache hingegen schwieriger, denn die allermeisten von ihnen treten erst im Erwachsenenalter zum Islam über und sind dann unmittelbar dazu verpflichtet, ihre Pflichtgebete zu verrichten und im Monat Ramadan zu fasten. Deshalb sollten sie nach ihrem Übertritt zum Islam keine Zeit verlieren und sich schleunigst daran machen, das versäumte Wissen nachzuholen. Mit der Hilfe des Erhabenen Allah۩ wird ihnen dies aber sicherlich schnell gelingen, denn die Regeln der rituellen Waschung und des Gebets sind zwar äußerst wichtig, aber nicht besonders schwierig und mit etwas Disziplin ist man bereits in ein wenigen Tagen soweit, seiner Verpflichtung zur Verrichtung des Gebets nachkommen zu können.

Allgemein gesprochen ist jenes Wissen, zu dessen Erwerb die Muslime verpflichtet sind, in zwei Gruppen unterteilt: Praktisches Wissen oder Handlungswissen und Charakterbildung oder Herzenswissen, wobei sich der neue Muslim erst einmal auf den Erwerb des Handlungswissens konzentrieren sollte.

Im Folgenden sollen nun diese beiden Arten des Wissens erläutert und gezeigt werden, welche Teilbereiche davon den neuen Muslim besonders betreffen.

Mukellefeh. Dabei gilt es zu beachten, dass die islamische Zeitrechnung in Mondjahren erfolgt.

Handlungswissen

Handlungswissen ist „das Wissen von den Glaubensgrundsätzen, des Handelns und des Unterlassens (des Handelns)."[140] Das praktische Wissen oder Handlungswissen ist aus dem Islamischen Recht, der Glaubenslehre und deren Hilfswissenschaften zusammengesetzt. Hierbei gibt es zwei Arten des Handlungswissen: Handlungswissen, das jeder Einzelne erwerben muss und Handlungswissen, das nur wenige – stellvertretend für die Gesamtheit der Muslime - beherrschen müssen. Bei ersterem spricht man von „Fardul Ayn" (individuelle Pflicht), bei letzterem von „Fardul Kifayeh" (kollektive Pflicht) des Wissenserwerbs.

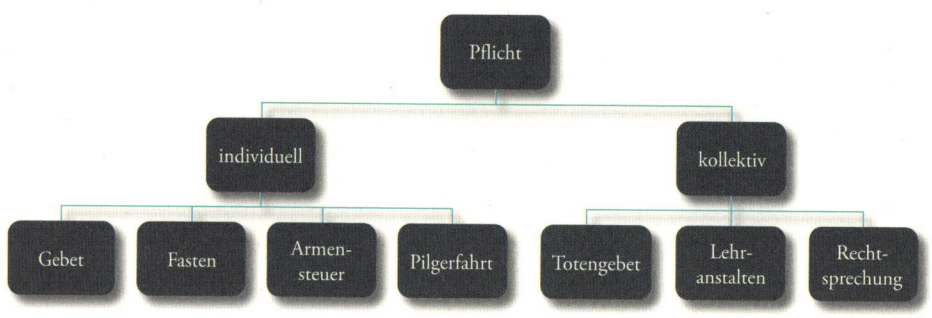

Die beiden Arten der religiösen Verpflichtungen.

---

140 El-Ghazali: „Ihya'u Ulumu Din", Band I: „Kitabul Ilm", S. 24.

Die individuelle Pflicht des Erwerbs von Handlungswissen

Handlungswissen ist „das Wissen darüber, wie man richtig zu handeln hat"[141]. Alle Pflichten, denen jeder Einzelne persönlich nachkommen muss, nennt man individuelle Pflichten. Auf das Islamische Recht bezogen, bedeutet dies, dass jeder Gläubige die Voraussetzungen für die Gültigkeit seines Gebets kennen muss: Er muss wissen, wie er seinen Körper, seine Kleidung und seine Gebetsstätte zu reinigen hat, welche Teile seines Körpers beim Gebet bedeckt sein müssen, in welche Richtung und zu welchen Zeiten er zu beten hat und wie die richtige Absicht für das Gebet zu fassen ist. Außerdem muss er wissen, welche Handlungen für die Gültigkeit des Gebets unerlässlich sind, welche Handlungen sein Gebet ungültig werden lassen und welche nicht.

Genauso verhält es sich mit dem Fasten im Monat Ramadan: Man muss die Zeiten kennen, in denen man nicht essen, trinken und Geschlechtsverkehr haben darf und man muss wissen, was das Fasten bricht und was nicht.

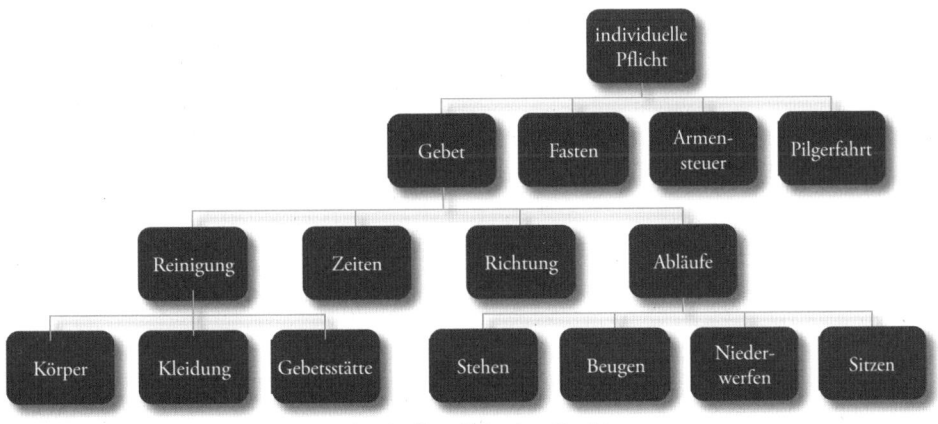

Die individuelle Pflicht des Gläubigen.

---

141 El-Ghazali: Ebd., S. 25.

Bei allen anderen Angelegenheiten des Islamischen Rechts entscheiden die jeweiligen Umstände darüber, ob das entsprechende Wissen individuelle- oder kollektive Pflicht ist: Erst wenn man in einem Land wohnt, in dem es Alkohol, Drogen oder Schweinefleisch gibt, muss man wissen, dass deren Kauf, Verkauf und Konsum verboten ist. Erst wenn man heiratet, muss man wissen, wie eine rechtsgültige Ehe zustande kommt und welche Rechte und Pflichten man gegenüber seinem Ehepartner hat. Erst wenn man ein Geschäft eröffnet, muss man die islamischen Regeln für Geschäftsbeziehungen kennen. Erst wenn man vorhat, einen Kredit aufzunehmen, muss man sich mit dem Zinsverbot auseinandersetzen. Erst wenn man Vermögen anhäuft, muss man wissen, ab welcher Vermögensgrenze man für was und wie viel Armensteuer zu bezahlen hat. Erst wenn man es sich finanziell leisten kann, auf Pilgerfahrt zu gehen, muss man sich mit dem Ablauf der Pilgerfahrt vertraut machen. Kurz gesagt muss man die Regeln des Halal und Haram zu einem gewissen Sachverhalt erst dann kennen, wenn man damit in seinem täglichen Handeln konfrontiert wird.

Auf die islamischen Glaubensgrundsätze bezogen ist es die individuelle Pflicht eines jeden Muslims, die beiden Glaubensbekenntnisse auszusprechen und daran zu glauben. Außerdem muss er an alle Dinge glauben, die der Gesandte Allahs ﷺ als Glaubensinhalte verkündet hat. Dazu heißt es im Edlen Quran: **„Wer dem Gesandten gehorcht, der gehorcht (damit gleichzeitig auch) Allah."**[142] Zusätzlich dazu muss er wissen, welche Taten und Worte ihn vom Glauben abfallen lassen. Damit ist seine individuelle Pflicht erst einmal erfüllt und verstirbt er in diesem Zustand, so verstirbt er - nach Übereinstimmung der Gelehrten der Ehl Sunneh wel Dschema'ah[143] – als Muslim.[144]

---

142 3. Sura: En-Nisa, Vers 80.

143 Mit Ehl Sunneh wel Dschema'ah bezeichnet man den sunnitischen Mehrheitsislam, der etwa 85 Prozent der Muslime umfasst. Dieser zeichnet sich dadurch aus, dass seine Anhänger den Vorzug aller Gefährten des Gesandten ﷺ und das Kalifat der ersten vier Kalifen – Ebu Bekr ﭬ, Umer ﭬ, Uthman ﭬ und Ali ﭬ anerkennen und entweder der Glaubenslehre von Imam el-Maturidi ﭬ oder der von Imam el-Esch'ari ﭬ folgen. Die Angehörigen der hanefitischen Rechtsschule folgen dabei Imam el-Maturidi ﭬ, die Angehörigen der schafi'itischen, malikitischen und hanbelitischen Rechtsschule Imam el-Esch'ari ﭬ.

144 Vgl. El-Ghazali: „Ihya'u Ulumu Din", Band I: „Kitabul Ilm", S. 24.

Erst wenn er damit beginnt, an gewissen Glaubensgrundsätzen zu zweifeln, beispielsweise daran, dass der Erhabene Allahﷺ die einzige Gottheit oder der Prophet Muhammedﷺ der letzte der Propheten ist, ist es seine individuelle Pflicht sich unverzüglich darum zu kümmern, das notwendige Wissen zu erwerben, um diese Zweifel auszuräumen. Die Gelehrten sagen hierzu so schön: „Wenn du Glaubenszweifel im Herzen trägst, dann geh erst zum Gelehrten, bevor du dich an den Mittagstisch setzt!"

Dies bedeutet, dass der Gläubige dazu verpflichtet ist, eventuelle Glaubenszweifel auf dem schnellsten Wege auszuräumen und dass es nichts Wichtigeres für ihn gibt, als dies. Hierbei ist es am besten, wenn man sich zu einem Gelehrten begibt und ihm seine Zweifel schildert. Dieser wird einen dann mit dem notwendigen Wissen versorgen und ihm dabei helfen, seine Zweifel auszuräumen. Elhamdulillah ist der Islam eine Religion ohne Brüche und Widersprüche und deshalb können kompetente Gelehrte zumeist schnell jene Irrmeinungen widerlegen, die dafür verantwortlich sind, dass sich Zweifel im Herz eines Gläubigen breitgemacht haben.

In früheren Zeiten war es für gewöhnlich so, dass die Muslime auf einer Insel der Glückseligkeit lebten. Niemand säte ihnen mithilfe spitzfindiger Argumentationen Zweifel ins Herz und deshalb blieb ihr Glaube stark und fest, obwohl sie oftmals nur über wenig Wissen aus dem Bereich der Glaubenslehre verfügten und aus dem Bereich der Rechtslehre lediglich jene Dinge wussten, die sie unmittelbar betrafen. Und wenn sich doch einmal ein neuer Sachverhalt für sie auftat, begaben sie sich sogleich zu ihrem Dorf-Imam und fragten diesen, wie sie in dieser Angelegenheit richtig zu handeln haben.

Legendär ist hierbei der Glaube der alten Frau vom Dorf: Obwohl diese keine islamische Ausbildung hatte und nicht selten nicht einmal lesen und schreiben konnte, vertraute sie doch voll und ganz auf die Gelehrten in ihrem Umfeld und wenn sie von diesen eine glaubensrelevante Aussage hörte, sagte sie nur: „Ich glaube und bestätige!"

Und da sie in ihrem Herz keine Glaubenszweifel trug und jeden sofort mit dem Besen von ihrem Hof gejagt hätte, der ihr etwas anderes als ihr Dorf-Imam und die anderen Gelehrten der Ehl Sunneh wel Dschema'ah erzählt hätte, war ihr Glaube unerschütterlich und sie ging bei ihrem Tode mit unversehrtem Herzen in die Barmherzigkeit des Erhabenen Allah﷾ hinüber.

Heutzutage ist dies in den meisten Regionen der Welt leider nicht mehr so. Und wenn nun der neue Muslim seinen Internetbrowser öffnet, um sich über den Islam zu informieren, prasseln so viele unterschiedliche und widersprüchliche Informationen bezüglich der Glaubens- und Rechtssätze des Islam auf ihn ein, dass er fast zwangsläufig darüber in Verwirrung geraten muss und sich Zweifel am richtigen Glaubensbild des Islam in sein Herz einschleichen.

Hierzu ist zu sagen, dass die Dominanz einzelner Meinungen im Internet keineswegs die Mehrheitsmeinung des sunnitischen Islam wiederspiegelt, dem doch immerhin etwa 90 Prozent der Muslime angehören. Im Gegenteil entscheiden über die Dominanz im Internet eher die finanziellen Mittel, die den jeweiligen Gruppen zur Verfügung stehen, als deren richtige oder falsche Auslegung des Islam.

Verschiedenste Gruppen verbreiten ihre Sichtweise des Islam mithilfe des Internets und oftmals kostenlos erhältlichen Büchern unter den Muslimen. Und nicht selten verpassen sie sich selbst hierbei das Label „Ehl Sunneh wel Dschema'ah", obwohl ihre Lehrmeinung dieser doch in vielen Punkten diametral zuwiderläuft: Die einen schreiben dem Erhabenen Allah﷾ einen Körper oder einen Ort zu, die anderen behaupten, der Gesandte ﷺ habe niemals gelebt. Wieder andere nehmen jede Aussage des Edlen Quran wortwörtlich, andere deuten auch noch die unmissverständlichste Aussage des Edlen Quran um und behaupten, es sei damit etwas ganz anderes gemeint. Manche sagen, alles wäre uns vom Erhabenen Allah aufgezwungen, andere behaupten, das genaue Gegenteil davon...

Um diese Flut an Informationen bewerten zu können, ist es für den neuen Muslim wichtig, sich einen zuverlässigen Ansprechpartner zu suchen, der ihm bei Bedarf dabei hilft, den Weizen von der Spreu zu trennen.

Die Rechts- und Glaubenslehre wird von verschiedenen Hilfswissenschaften, wie den Sprachwissenschaften, der Logik und der Rhetorik unterstützt. Auf diese Hilfswissenschaften bezogen ist es die individuelle Pflicht des Gläubigen, das Quranlesen im arabischen Original zu erlernen und sich hierbei die richtige Aussprache der arabischen Buchstaben und Worte anzueignen. Dazu ist wiederum ein fachkundiger Lehrer notwendig, der einem die richtige Aussprache der arabischen Worte Buchstabe für Buchstabe vorspricht, da es im Arabischen einige Buchstaben gibt, die in den europäischen Sprachen nicht vorkommen und uns deshalb nicht geläufig sind.

Darüber hinaus muss der neue Muslim einige kurze Quransuren und Bittgebete auswendig lernen, damit er sein Gebet vorschriftsgemäß verrichten kann.

Zusammenfassend können wir sagen, dass der neue Muslim sich zuallererst darum bemühen sollte, die fundamentalen Glaubensgrundsätze des Islam zu erlernen, damit er einen gesunden Glauben entwickeln kann. Darüber hinaus haben alle Dinge, die mit dem Gebet zu tun haben, für ihn oberste Priorität: Zuerst sollte er die Reinigungsvorschriften erlernen, denn diese sind die Voraussetzung für die Gültigkeit des Gebets. Anschließend sollte er den Ablauf des Gebets erlernen und sich über die Gebetszeiten informieren. Danach sollte er damit beginnen, die Gebetsformeln, die Sura El-Fatihah und einige kurze Quransuren auswendig zu lernen. Und schließlich sollte er sich das Wissen darüber aneignen, welche Dinge das Gebet ungültig werden lassen und welche nicht.

Die kollektive Pflicht des Erwerbs von Handlungswissen

„Wer nun also weiß, welches Wissen notwendig ist und zu welchen Zeiten dieses Wissen notwendig ist, der hat seine individuelle Pflicht des Wissenserwerbs bereits erfüllt." [145] Der Erwerb aller anderen Arten des Handlungswissens fällt in die Kategorie der kollektiven Pflicht.

Es muss nicht jeder Einzelne Ingenieurswissenschaften, Medizin und Jura studieren und darüber hinaus auch noch das Bäcker-, Metzger- und Schreinerhandwerk erlernen, damit eine Gemeinschaft funktionieren kann, sondern es reicht aus, wenn der Bedarf durch einzelne Mitglieder der Gemeinschaft gedeckt wird. Und genauso verhält es sich auch mit den islamischen Wissenschaften: Nicht jeder muss alles wissen, aber es muss jemand da sein, den man danach fragen kann, sobald sich der Bedarf dafür ergibt.

Wir wollen die islamische Gemeinde mit einem Dorf vergleichen: In einem Dorf reicht es aus, wenn ein einzelner islamischer Rechtsgelehrter vorhanden ist, der Rechtsurteile für die außeralltäglichen Belange ausstellen kann. Ein Richter reicht aus, um Gerichtsurteile zu fällen. Ein Bürgermeister reicht aus, um das Dorf zu regieren und die Interessen des Dorfes nach außen zu vertreten. Ein Arzt reicht aus, um die Kranken zu heilen, ein Apotheker, um die Medikamente bereitzustellen, eine Hebamme, um die Kinder sicher auf die Welt zu bringen und ein Lehrer, um die Kinder zu unterrichten. Ein Metzger, ein Bäcker, ein Maler, ein Maurer, ein Schreiner, ein Elektriker, ein Installateur und ein Mechaniker reichen aus, um die restlichen Belange des gesamten Dorfes zu decken. Ist dieses Fachpersonal im Dorf vorhanden oder aus der näheren Umgebung des Dorfes schnell verfügbar zu machen, hat das Dorf seine kollektive Pflicht erfüllt.

---

145 El-Ghazali: „Ihya'u Ulumu Din", Band I: „Kitabul Ilm" S. 24.

Stirbt hingegen eine Person, beispielsweise an Darmverschluss, weil kein Arzt im Dorf verfügbar war und hätte diese Person gerettet werden können, wenn das Dorf im Stande gewesen wäre einen Arzt zu organisieren, dies aber versäumte, so hat sich das ganze Dorf an dem Tod dieser Person mitschuldig gemacht.

Wenn man dieses Beispiel eines Dorfes nun auf ein größeres Gemeinwesen bezieht, ist es die Pflicht der Gemeinschaft, Gelehrte auszubilden, die sich mit den Rechtsfindungsmethoden, den Rechtswissenschaften, der Glaubenslehre, der Quraninterpretation, den Hadithwissenschaften, der Geschichte des Islam, den Sprachwissenschaften und Ähnlichem mehr beschäftigen und diese anschließend der Gemeinschaft zur Verfügung zu stellen. Darüber hinaus müssen von der Gemeinschaft auch die entsprechenden Räumlichkeiten und finanziellen Mittel für Lehre und Forschung bereitgestellt werden.

Ein klassisches Beispiel für die kollektive Pflicht einer Gemeinschaft ist das Totengebet. Wenn ein Muslim verstirbt, müssen nicht alle Gemeindemitglieder an seinem Totengebet teilnehmen, sondern es reicht, wenn dies ein Teil von ihnen tut. Sollte aber niemand an seinem Totengebet teilnehmen, macht sich wieder die gesamte Gemeinschaft daran mitschuldig.

Herzenswissen

„Wer seine Triebseele läutert, der wird errettet werden und wer sie unter Sünden begräbt, der wird irregehen."[146]

Das Handlungswissen repräsentiert die weiter oben beschriebenen ersten beiden Ebenen der Religion: Islam und Iman. Das Handlungswissen ist zwar die Grundvoraussetzung dafür, dem Erhabenen Allah überhaupt dienen zu können, aber mit dem Handlungswissen allein ist es nicht getan, denn dieses allein führt nicht dazu, dass sich der Charakter des Muslims grundlegend verbessert. Hierfür ist die dritte Ebene der Religion zuständig, also der Ihsan, der sich mit dem sogenannten „Herzenswissen" beschäftigt.

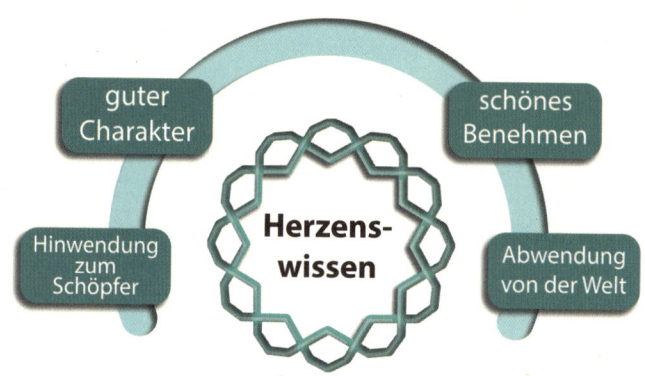

Die Bestandteile des Herzenswissens

Ein kleines Beispiel soll den Unterschied zwischen Handlungswissen und Herzenswissen verdeutlichen: Ein Betender führt die rituelle Gebetswaschung ordentlich aus, bedeckt mit sauberer Kleidung alle erforderlichen Körperteile, hält Gebetszeit und Gebetsrichtung ein und fasst die entsprechende Absicht für das Gebet. Dann führt er sein Pflichtgebet ordnungsgemäß aus: Er spricht den Anfangs-Tekbir, rezitiert, beugt sich, wirft sich nieder, usw. Während des gesamten

---

146 91. Sura: Esch-Schems, Vers 9f.

Gebets konzentriert sich der Betende aber nicht auf seinen Schöpfer, sondern denkt an jene Dinge, mit denen er gerade in seiner Arbeit beschäftigt ist oder mit den Schulproblemen seiner Kinder oder irgendwelchen anderen irdischen Dingen.

Fragt man nun einen islamischen Rechtswissenschaftler, ob das Gebet eines derart Betenden gültig war, so wird er diese Frage gewiss bejahen, denn schließlich hat der Betende ja alle offensichtlichen Pflichten des Gebets beachtet.

Fragt man hingegen einen Kenner der Herzen, so sieht die Sache auf einmal ganz anders aus, denn dieser wird die Frage sicherlich verneinen, denn nach seiner Rechtsauffassung wird ein Gebet vom Erhabenen Allahﷻ erst dann akzeptiert, wenn der Betende sich in seinem Gebet vollkommen seinem Herrn zuwendet und hierbei alle irdischen Gedanken ausblendet.

Für uns ist zwar in erster Linie die Auffassung der Rechtswissenschaftler maßgeblich, ein Gebet aber, das im Zustand der Unachtsamkeit und Gottvergessenheit verrichtet wird, wird immer einen Mangel aufweisen und nicht denselben Gotteslohn erbringen, wie ein Gebet, das in vollkommener Hingabe verrichtet wurde.

Einem Gebet, das nicht in vollkommener Hingabe zum Erhabenen Allahﷻ verrichtet wird, fehlt es an „Ikhlas", also an Aufrichtigkeit und Lauterkeit in der Hinwendung zum Erhabenen Allahﷻ. Der Grund hierfür ist, dass der Betende während des Gebets nicht die Gedanken seiner weltzugewandten Triebseele und die Einflüsterung des verfluchten Scheytan von sich fernhalten kann. Und solange er dies nicht kann, werden diese beiden Feinde des Menschen immer einen Anteil an seinem Gebet für sich beanspruchen und daher wird dieses nicht allein für das Wohlgefallen des Erhabenen Allahﷻ verrichtet.

Dieser Fall kann nun auf alle anderen Lebenssituationen des Menschen übertragen werden, denn nicht nur im Gebet ist der Muslim dazu verpflichtet, sich vollkommen dem Erhabenen Allah zuzuwenden und sich von der Einflüsterung seiner Triebseele und des Scheytan freizumachen, sondern auch bei allen anderen Handlungen. Denn solange dem Muslim seine Triebseele und der Scheytan einflüstern, werden seine Handlungen von diesen beeinflusst und in die falsche Richtung geleitet. Da glaubt der Handelnde zwar dann, dass er im Sinne des Erhabenen Allah handelt, in Wirklichkeit aber bedient er die Interessen seiner Triebseele und des Scheytan und handelt daher unaufrichtig. Erst wenn er alle Einfallstore des Scheytan - die aus seinen Charakterschwächen, falschen Angewohnheiten und seiner Weltenliebe bestehen – zu seinem Herz verschlossen hat, ist sein Herz wirklich rein und er kann im Zustand der vollkommenen Lauterkeit (Ikhlas) und reinen Hingabe (Ihsan) den verfluchten Scheytan von sich fernhalten.

Im Edlen Quran heißt es hierzu: **„Er (der Scheytan) sprach: „Bei Deiner Allmacht! Ich werde sie gewiss alle in die Irre führen, außer jene Deiner Diener, die Ikhlas haben!"**[147]

Die Aufgabe der Wissenschaften des Herzens ist es nun, das Herz des Menschen von dem schlechten Einfluss seiner Triebseele und der Einflüsterung des Scheytan zu befreien und so in den Zustand der Ikhlas zu überführen. Der Gesandte Allahs sagte hierzu: *„Wahrlich befindet sich im Körper (des Menschen) ein kleiner Fleischklumpen. Ist dieser (Fleischklumpen) rechtgeleitet, so ist der gesamte Körper rechtgeleitet; ist dieser (Fleischklumpen) aber verdorben, so ist der gesamte Körper verdorben. Wahrlich ist dieser (Fleischklumpen) das Herz!"*[148]

Das Herz des Menschen ist der Sitz seines Charakters. Und so ist die Reinigung des Herzens gleichbedeutend mit der Reinigung des Charakters von allen schlechten Eigenschaften. Erst wenn das Herz

---

147 38. Sura: Sad, Vers 82f.
148 El-Bukhari: Bid'ul Wahyi, Nr. 52.

vollständig gereinigt wurde, kann man den Zustand eines vollkommenen Charakters erreichen. Und erst wenn man einen vollkommenen Charakter erreicht hat, kann man sein Herz vor der Verschmutzung durch Sünden schützen und so die Reinheit seines Herzens auf Dauer erhalten und seinem Schöpfer mit reinem Herzen dienen. Darum ist es die individuelle Pflicht eines jeden Muslims, sich mit der Wissenschaft des Herzens zu beschäftigen, denn die Reinheit des Herzens entscheidet über das Wohl und Wehe seines Besitzers im Diesseits und im Jenseits.

Wir sehen also, dass es im Bereich des Herzenswissens keine kollektive Pflicht geben kann, denn jeder einzelne Muslim ist dazu verpflichtet, sein Herz zu reinigen und es reicht nicht aus, wenn dies nur einer der Muslime stellvertretend für alle anderen tut.

Der große hanefitische Rechtsgelehrte Ibn Abidin ﷺ schreibt hierzu: „Wahrlich ist das Wissen über die Ikhlas und den Hochmut, den Neid und die Zurschaustellung die Pflicht eines jeden Einzelnen! Und genauso auch das Wissen von den anderen unheilvollen Eigenschaften des Egos, wie Stolz, Habgier, Gehässigkeit, Falschheit, Zornesmut, Feindseligkeit, Hass, Begehrlichkeit, Eitelkeit, Geiz, Standesdünkel, Verrat, Heuchelei, Betrügerei, Hartherzigkeit, dauerhaftes Begehren irdischer Güter und Ähnlichem mehr. Da kein Mensch frei von diesen (unheilvollen Eigenschaften) ist, ist es notwendig, dass er das Wissen hierüber erwirbt, solange der Bedarf danach besteht, (diese getadelten Eigenschaften auszumerzen). Die Beseitigung dieser (schlechten Eigenschaften) ist die individuelle Pflicht eines jeden Gläubigen. Und diese kann nur dann erfüllt werden, wenn man alle Details und alle Ursachen und alle Anzeichen (dieser schlechten Eigenschaften) und die Heilmittel dagegen kennt. Denn wer das Schlechte nicht kennt, wird (zwangsläufig) darauf hereinfallen."[149]

---

149 In: Abdulqadir Isa: Haqa'iq an Tasawwuf, S. 31.

Aus diesem Grunde hielt der beste aller Menschen, der Mensch mit dem vollkommensten Charakter, der Prophet Muhammed ﷺ, all seine Gefährten dazu an, beständig an ihrem Charakter zu arbeiten, auf dass diese hierdurch die Stufe der Vollkommenheit erreichen mochten. Durch seinen vorbildlichen Charakter und sein schönes Verhalten ging er ihnen hierbei als Vorbild voraus. Und je mehr man sich von seinem vorbildlichen Charakter und seinem schönen Verhalten, was nichts anderes als seine Sunneh ist, aneignet, desto näher kommt man dem Idealbild jenes Charakters, der dem Erhabenen Allah ﷻ wohlgefällig ist. Im Edlen Quran beschreibt Dieser den Charakter Seines Gesandten ﷺ folgendermaßen: **„Denn wahrlich hast du einen hohen und erhabenen Charakter."**[150]

Imam el-Ghazali ﺩ schrieb hierzu: „Das Beschreiten des Wegs der Reinigung des Herzens ist die Pflicht eines jeden Einzelnen, denn keiner ist frei von Mängeln und Krankheiten außer die Propheten – Friede sei mit ihnen."[151]

Und an anderer Stelle schreibt er: „Für den Beschreiter des Wegs ist es notwendig, dass er sich einem Wegweiser und Erzieher anschließt, der ihm den rechten Weg zeigt und ihn hierbei von den getadelten Charaktereigenschaften befreit und an deren Stelle gelobte Charaktereigenschaften setzt. Erziehung bedeutet hier, dass der Erzieher wie ein Ackerbauer ist, der Pflanzen auf seinem Feld großzieht. Jedes Mal, wenn er Steine oder Unkraut erblickt, ergreift er diese und wirft sie vom Acker. (Wenn es notwendig ist,) wässert er die Pflanzen auf seinem Feld, auf dass sie besser wachsen und er zieht sie hoch, auf dass sie prächtiger gedeihen, als die Pflanzen außerhalb des Feldes.

Wenn du nun erkannt hast, dass der Garten eines Gärtners bedarf, so hast du auch erkannt, dass der Wegbeschreiter eines Wegweisers

---

150 68. Sura: El-Qalem, Vers 4.
151 Vgl. Scheykh Abdulqadir Isa: „Haqa'iq an Tasawwuf", S. 55.

bedarf. Denn der Erhabene Allah﷾ entsandte Seinen Gesandten ﷺ zu den Menschen, um ihnen ein Wegweiser zu sein und sie auf dem geraden Weg rechtzuleiten. Und schon bevor der auserwählte Muhammed Mustafa ﷺ in das Jenseits hinübergewechselt ist, machte er die Rechtgeleiteten Kalifen zu seinen Stellvertretern, damit sie den Menschen den Weg Allahs zeigen. Und so geht dies bis zum Jüngsten Tage weiter, denn die Wegbeschreiter werden niemals ohne einen Wegweiser auskommen können."[152]

Hierbei darf man sich aber natürlich nicht einfach dem Erstbesten anvertrauen, nur weil dieser selbst von sich behauptet, ein Kenner der Herzen zu sein, sondern man sollte detaillierte Nachforschungen anstellen, ob der Betreffende auch wirklich jemand ist, der die Erlaubnis dazu besitzt, Menschen zu erziehen. Nur solch eine Person ist geeignet, andere spirituell zu erziehen und nur solch eine Person darf sich „Murschid" (Wegweiser) nennen. Solch ein Murschid wurde von einem anderen Murschid erzogen und hat das Erziehungswissen von diesem erlernt. Und da er den Weg der Erziehung der Triebseele selbst bis zu seinem Ende zurückgelegt hat, wurde er zu einem Kenner der Herzen, der alle Krankheiten des Herzens kennt und weiß, welche Heilmittel dagegen helfen.

Hierbei stammt jenes islamische Erziehungswissen, auf das die Murschids zurückgreifen, direkt vom Gesandten Muhammedﷺ. Und diesem wurde das Erziehungswissen wiederum durch Vermittlung des Offenbarungsengels Dschibril ﷺ vom Erhabenen Allah﷾ eingegeben. Anschließend gab der Gesandte Allahs ﷺ dieses Wissen an seine Gefährten ﷺ weiter. Diese gaben es ihrerseits an die Angehörigen der Nachfolgegeneration weiter, diese an die nächste Generation und so geht dies bis zum Jüngsten Tage fort...

Diese Verbindungslinie der Erziehung und Weitergabe des Erziehungswissens darf keine Brüche aufweisen, sondern muss

---

152 Ebd., S. 56.

durchgängig - bis zum Gesandten ﷺ - zurückverfolgbar sein. Ein autorisierter Murschid hat eine spezielle Vollmacht zur Erziehung seiner Schüler von seinem Lehrmeister erhalten. Dieses Diplom[153] berechtigt ihn zur Erziehung seiner Schüler und in diesem Diplom ist auch die gesamte Kette jener Lehrer aufgeführt, die dieses prophetische Wissen erst erlernten und später an ihre Schüler weitergaben. Nur solch einer Person sollte man seine spirituelle Erziehung anvertrauen.

Im Übrigen ist das Verhalten eines Murschids das beste Erkennungsmerkmal dafür, ob er wirklich als Erzieher geeignet ist oder nicht. Denn ein Murschid hält sich zu 100 Prozent an die Ge- und Verbote Allahs, hat fundiertes Wissen im Islamischen Recht und den Glaubensgrundsätzen des Islam und handelt einzig und allein für das Wohlgefallen des Erhabenen Allah ﷻ, also mit Ikhlas. Er vereint die drei Ebenen des islamischen Glaubens Islam, Iman und Ihsan in ihrer Vollkommenheit in sich und lebt diese den anderen Menschen in ihrer vollkommenen Reinheit vor.

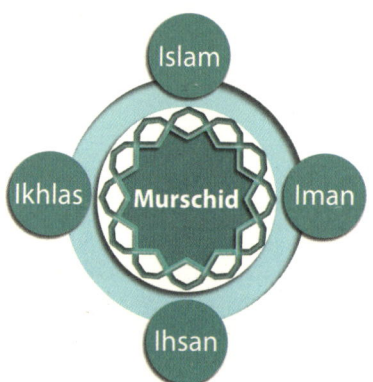

Die Eigenschaften des vollkommenen Wegweisers

---

153 Dieses Diplom nennt man „Idschazeh". Diese Idschazeh darf aber nicht mit jener „Idschazeh" verwechselt werden, die einen islamischen Gelehrten dazu berechtigt, in bestimmten Bereichen des islamischen Wissens Unterricht zu erteilen oder Rechtsurteile auszusprechen, denn sie bezieht sich auf das spirituelle Wissen. Normalerweise hat ein Murschid aber zusätzlich dazu auch die Idschazeh der Islamwissenschaften erworben.

In diesem Sinne sagte Dschuneyd el-Baghdadi ﷺ: „Selbst wenn du jemanden durch die Lüfte fliegen sehen solltest, so lasse dich nicht hiervon täuschen, sondern überprüfe zuerst, wie er es mit den Ge- und Verboten des Erhabenen Allah ﷻ hält, (bevor du dich ihm anschließt)!"

Und der Gesandte Allahs ﷺ sagte zu seinem Gefährten Abdullah Bin Umer ﷺ: „O Ibn Umer! Schütze deine Religion, denn sie ist (wie) dein Fleisch und Blut. Achte darauf, von wem du sie übernimmst. Übernimm die Religion von jenen, die dem rechten Weg folgen und nicht von jenen, die (vom rechten Weg) abweichen!"[154]

---

154 In: Haqa'iq an Tasawwuf, S. 71.

Von der Notwendigkeit, sich einen Mentor zu suchen

„Fragt doch die Wissenden, wenn ihr selbst es nicht wisst!"[155]

Der neue Muslim sollte sich eine Person seines Vertrauens suchen, die ihm Unterricht in den Grundlagen des Islamischen Rechts, den Glaubensgrundsätzen, der Lebensgeschichte des Propheten ﷺ, seiner Gefährten ﵄ und der Frommen und Aufrichtigen, der Quranrezitation und Ähnlichem mehr erteilt. Bei der Auswahl solch eines „Mentors" sollte er äußerste Sorgfalt walten lassen und darauf achten, dass dieser eine gute islamische Ausbildung genossen hat und dem Mehrheitsislam der Ehl Sunneh wel Dschema'ah angehört.

Die Unterstützung durch den Mentor

Ein ausgebildeter islamischer Geistlicher ist natürlich am besten zum Mentor geeignet. Hierbei braucht der neue Muslim keinerlei Scheu davor zu haben, in eine Moschee zu gehen, um dort einen Imam um

---

155   16. Sura: En-Nahl, Vers 43.

seine Hilfe zu bitten. Denn das Unterstützen und Unterrichten neuer Muslime gehört schließlich zu den Kernaufgaben der Imame. Und für gewöhnlich kommen die Imame dieser Aufgabe auch mit Freude nach, denn sie wissen, dass ihnen diese Dienstleistung im Jenseits vom Erhabenen Allahﷻ hoch entgolten wird...

Aber natürlich können auch gutausgebildete Laien die Aufgabe eines Mentors übernehmen. Besonders Konvertiten, die schon länger im Islam sind, können dem neuen Muslim viele nützliche Hinweise geben, da sie selbst viele jener Schwierigkeiten kennengelernt haben, die auf den neuen Muslim in Familie, Beruf und Freundeskreis zukommen können. Wenn es aber um tiefgreifende islamrechtliche Fragen oder komplexe Glaubensinhalte geht, sollte man möglichst auf die fachkundige Auskunft eines islamischen Geistlichen oder Gelehrten zurückgreifen.

Wenn man nun einen vertrauenswürdigen Mentor gefunden hat, kann man gemeinsam mit diesem einen Fahrplan erstellen und festlegen, in welcher Reihenfolge und welchem Tempo man das notwendige Grundwissen erlernen möchte. Anschließend können die beiden zusammen den Fahrplan Schritt für Schritt abarbeiten.

Festlegung eines Fahrplans gemeinsam mit dem Mentor

Hierbei wird der fachkundige Mentor den Schwerpunkt zuallererst auf die Erlernung der allgemeinen Glaubensgrundsätze und die korrekte Verrichtung des Gebets legen. Denn da der neue Muslim - sofern er im Erwachsenenalter[156] dem Islam beigetreten ist - unmittelbar zur Verrichtung des fünfmal täglichen Gebets verpflichtet ist, genießen die Vermittlung der Regeln der rituellen Reinigung, der korrekten Ausführung der einzelnen Gebetsabläufe und der sauberen Aussprache des Edlen Quran erst einmal oberste Priorität.

Hierbei kann der neue Muslim die Verrichtung des Gebets und die korrekte Quranrezitation nur schwerlich alleine mithilfe von Lehrbüchern erlernen, denn die bloße Erklärung der Gebetsabläufe oder der Aussprache der einzelnen arabischen Buchstaben ist doch sehr abstrakt und ohne praktische Anschauung nur schwer zu verstehen. Und deshalb ist es das Beste, hierbei genauso zu verfahren, wie bei der altbewährten Vermittlung aller anderen Wissensarten, bei denen man ja auch auf Ausbilder, Lehrer, Schulen und Universitäten zurückgreift. Dies ist der beste Schutz vor Missverständnissen und Fehlern, die sich bei einem Eigenstudium fast zwangsläufig ergeben.

Besonders auch für das Erlernen der Quranrezitation braucht man einen kompetenten Lehrer: Denn da es in der arabischen Sprache einige Buchstaben gibt, die in der deutschen Sprache nicht vorkommen, braucht man jemanden, der einem erklärt, wie diese Buchstaben genau ausgesprochen werden, wo im Mund oder Rachen der Ort ihrer Lautbildung ist, wie sie eventuell mit anderen Buchstaben verschmolzen werden und Ähnliches mehr. All dies kann nur richtig erlernt werden, wenn man sich die einzelnen Buchstaben von einem Lehrer immer wieder vorsprechen lässt, um diese anschließend nachzusprechen und bei Bedarf von diesem korrigieren zu lassen. Denn da man viele seiner Aussprachefehler selbst nicht hört, braucht man jemanden, der einen darauf hinweist...

---

156 Wobei man im Islam als erwachsen gilt, sobald man seine Geschlechtsreife erlangt hat. Vgl. hierzu das Kapitel über das Gebet.

Wenn man neu zum Islam kommt, freuen sich die anderen Muslime sehr darüber und jeder will einem dabei behilflich sein, den Islam so schnell als möglich zu erlernen. Manche Muslime fühlen sich hierbei zum Mentor berufen, ohne aber über das entsprechende Fachwissen hierfür zu verfügen. Trotzdem tun sie so, als seien sie große Gelehrte und kommen sogleich auf den neuen Muslim zugeeilt, um ihm zu erklären, dass dieses „haram" (verboten) und jenes „halal" (erlaubt) sei, obwohl dies oftmals nicht den Tatsachen entspricht oder eine extrem vereinfachte und verallgemeinernde Darstellung eines äußerst komplizierten Sachverhalts ist.

Überhaupt sollte man sich vor Leuten in Acht nehmen, die schnell im Erteilen von Rechtsurteilen sind und hierbei nicht die nötige Sorgfalt walten lassen. Denn erstens dürfen - strenggenommen - nur jene Gelehrten, die über ein abgeschlossenes Rechtsstudium mitsamt der Erlaubnis (Idschazeh) zum Erstellen von Rechtsurteilen verfügen, überhaupt Rechtsurteile ausstellen. Und zweitens ist es in den wenigsten Fällen so, dass man ein bestehendes Rechtsurteil - auch wenn dieses noch so richtig sein sollte - allgemein deuten und auf alle möglichen ähnlich gelagerten Fälle übertragen darf. Denn die Erstellung einer „Fetwa" ist fast immer eine individuelle Angelegenheit, bei der alle relevanten persönlichen Umstände jener Person miteinfließen müssen, die das Rechtsurteil beantragt hat. Und hierbei ist es nicht selten so, dass gerade jene Aspekte, die ein Unqualifizierter als nebensächlich abtun würde oder gar nicht erst auf dem Schirm hat, eine wichtige Rolle dabei spielen, ob eine Handlungsweise in einem konkreten Fall als islamrechtlich empfohlen, erlaubt, geduldet, verpönt oder verboten eingestuft wird.

Schon der Prophetﷺ überprüfte bei der Erstellung von Rechtsurteilen zuerst die individuellen Umstände des Fragestellers und fällte erst dann sein Urteil. Wobei er in manchen Fällen der einen Person dieselbe Sache erlaubte - weil bei dieser beispielsweise ein Härtefall vorlag

- die er einer anderen Person verbat - weil diese beispielsweise schon so weit in der Religion fortgeschritten war, dass es sie auf ihrem Weg zurückgeworfen hätte, wenn er es ihr erlaubt hätte.

Kurz gesagt sollte man „Fetwas" von selbsternannten „Muftis"[157] stets mit großer Vorsicht genießen und sich mit Rechtsfragen am besten nur an ausgebildete Gelehrte wenden.

Einen guten Ratgeber erkennt man im Übrigen meist daran, dass dieser, wenn er die Antwort auf eine Frage nicht kennt, einem dies auch sagt[158] und sich dann bei Fachleuten oder in den entsprechenden Fachbüchern kundig macht und die Frage dann ein andermal beantwortet. Und überhaupt ist die Erstellung eines Rechtsurteils eine äußerst ernste und oftmals komplizierte Angelegenheit und deshalb wird auch der Gelehrte bei so mancher Frage ins Schwitzen kommen und erst noch einmal nachforschen müssen, bevor er eine Frage sicher beantworten kann.

Ähnlich wie mit den selbsternannten Muftis verhält es sich auch mit Quellen aus dem Internet. Dort gibt es einen regelrechten Wildwuchs an islamischen Websites und Foren, in denen es von Rechtsurteilen zu allen möglichen Rechtsfragen nur so wimmelt. Wildfremde Leute, von denen man nicht weiß, welcher Gesinnung sie sind und welche Ausbildung sie genossen haben, stellen hier – meist ohne Angabe irgendwelcher Quellen – Rechtsurteile aus oder verbreiten Rechtsurteile zweifelhaften Ursprungs um den halben Globus. Und selbst, wenn Quellen angegeben werden, stimmen diese oft nicht oder geben einfach einen einzelnen Quranvers oder eine einzelne Hadith an, ohne dass man weiß, ob hierbei eine Auswertung aller Quranverse, Hadithe und Aussagen der Gelehrten zu diesem Sachverhalt vorgenommen wurde oder der Sachverhalt einfach isoliert - und damit unsachgemäß - betrachtet wird.

---

157 Eine „Fetwa" ist ein Rechtsurteil und ein „Mufti" ist ein Rechtswissenschaftler, der eine Fetwa erstellt.

158 Eines der Merkmale dieser selbsternannten Muftis ist es, dass sie einfach alles wissen und jede Frage auf Anhieb beantworten können.

Natürlich gibt es auch hilfreiche Websites zu islamischen Themen. Aber gerade bei der Suche nach Rechtsurteilen sollte man besondere Vorsicht walten lassen und sich lieber an einen Gelehrten aus Fleisch und Blut wenden, bei dem man weiß, woran man ist...

Der Segen der Gemeinschaft

„Und verrichtet das Gebet und entrichtet die Armensteuer und verneigt euch mit den Sich-Verneigenden."[159]

Aus diesem Quranvers geht klar hervor, dass der Erhabene Allah den Muslimen nicht nur die Verrichtung des fünfmal täglichen Gebets vorgeschrieben, sondern ihnen auch ans Herz gelegt hat, sich gemeinsam mit den Sich-Verneigenden zu verneigen und also - wenn möglich - ihre Pflichtgebete in der Gemeinschaft zu verrichten.

Für den neuen Muslim bringt es viele Vorteile mit sich, wenn er sich in der Gemeinschaft seiner Glaubensgeschwister - beispielsweise in einer Moscheegemeinde - aufhält. Dabei sollte er aber darauf achten, dass diese Gemeinschaft - die man auf Arabisch „Dschema'ah" - nennt, dem Mehrheitsislam der Ehl Sunneh wel Dschema'ah angehört.

Ehlu Sunneh wel Dschema'ah bedeutet wörtlich: „Leute der Sunneh und der Gemeinschaft". Und wenn von Sunniten gesprochen wird, dann meint man hiermit genau diese Ehlu Sunneh wel Dschema'ah. Ihr gehören etwa 90 Prozent aller Muslime an[160] und sie zeichnet sich dadurch aus, dass sie sich an der Lebensweise (Sunneh) des Gesandten Allahs orientiert und sich nicht von der Mehrheitsmeinung der sunnitischen Gelehrten entfernt, sondern an deren Lehre festhält. Hierzu gehört es besonders, dass die Sunniten sich einer der beiden sunnitischen Glaubensschulen (Maturidiyyeh oder Esch'ariyyeh) zugehörig

---

159 2. Sura: El-Baqarah, Vers 43.
160 Vgl.: Markus C. Schulte v. Drach: „Islam: Schiiten und Sunniten." In: Süddeutsche Zeitung vom 30.4.2004.

fühlen und einer der vier sunnitischen Rechtsschulen (Hanefiyyeh, Schafi'iyyeh, Malikiyyeh oder Hanbeliyyeh) angehören. Wenn eines dieser Kriterien nicht erfüllt ist, kann man strenggenommen bei einem Muslim schon nicht mehr von einem Sunniten sprechen.

Wie wichtig es ist, an der Gemeinschaft festzuhalten, zeigt folgender Ausspruch des Erhabenen Allahﷻ , in dem Er den Muslimen befahl, am Edlen Quran, der Sunneh und der Gemeinschaft der Muslime festzuhalten: **„Und haltet allesamt am Band Allahs fest und spaltet euch nicht (in verschiedene Gruppen) auf!"[161]**

Und der Gesandte Allahs ﷺ lehrte uns, dass das Gebet in der Gemeinschaft ungleich höher entlohnt wird, als jenes, das man alleine verrichtet: *„Das Gebet in der Gemeinschaft übertrifft das Gebet des Einzelnen um das 27fache."[162]*

Und er sagte: *„Wer das Nachtgebet in der Gemeinschaft verrichtet, ist wie einer, der die halbe Nacht im Gebet verbrachte und wer das Morgengebet in der Gemeinschaft verrichtet, ist wie einer, der die ganze Nacht im Gebet verbrachte."[163]*

Gemeinschaftsgebet in Istanbul

161 3. Sura: Alu Imran, Vers 103.
162 El-Bukhari: „Salatul Dschema'ati wel Imamati", Nr. 619.
163 Muslim: „Kitabul Mesadschid we Mewadi'i Salah", Nr. 656.

Für den neuen Muslim hat die Verrichtung des Gebets in der Gemeinschaft auch noch einen weiteren entscheidenden Vorteil: Da er einerseits unmittelbar nach seinem Übertritt zum Islam in der Regel nicht dazu in der Lage ist, das fünfmal tägliche Pflichtgebet eigenständig zu verrichten, andererseits aber von dem Moment an, in dem er das Glaubensbekenntnis gesprochen hat, zur Verrichtung des Gebets verpflichtet ist, ist es für ihn am Besten und Sichersten, wenn er seine Gebete hinter einem Vorbeter (Imam) verrichtet: Denn wenn man hinter einem Imam betet, reicht es aus, den Ablauf des Gebets körperlich nachzuempfinden und man muss hierzu weder aus dem Edlen Quran rezitieren können noch die Pflichtbestandteile des Gebets kennen. Und der Bewegungsablauf des Gebets ist leicht und schnell zu erlernen...

Auf diese Weise kann man also seiner Verpflichtung zum Gebet am besten nachkommen, vermeidet außerdem unnötige Fehler und erhält darüber hinaus auch noch einen ungleich höheren Lohn, als wenn man sein Gebet alleine zu Hause verrichten würde.

In der Gemeinschaft fällt es einem außerdem viel leichter, seine Gebete zu verrichten. Im Gemeinschaftsgebet vergeht die Zeit wie im Flug und man empfindet große Freude dabei, der Rezitation des Vorbeters zu lauschen und Seit an Seit mit seinen Glaubensbrüdern zu beten. Zu Hause ist man hingegen nicht selten träge und lustlos und es fällt einem lange nicht so leicht, das Gebet zu verrichten, wie in der Gemeinschaft.

Da es dem neuen Muslim aber nicht immer möglich ist, am Gemeinschaftsgebet teilzunehmen, ist es ihm erlaubt, im Gebet

- entweder mindestens einen kurzen Quranvers zu rezitieren, wie beispielsweise „Elhamdulillahi Rabbil Alemin"[164]

---

164 Dies ist der zweite Vers der Sura El-Fatihah.

- oder die Sura El-Fathih in eigener Sprache zu rezitieren, solange er nicht dazu in der Lage ist, diese im arabischen Original korrekt auszusprechen.[165]

solange er die Gebetssuren und Gebetsformeln auf Arabisch auswendig kennt.

Diese Möglichkeit ist aber nur als Erleichterung für die Übergangsphase gedacht, weil es in dieser Zeit eben oftmals nicht anderes geht, und darf keinesfalls als Dauerlösung betrachtet werden. Der neue Muslim ist also trotz alledem dazu verpflichtet, die nötigen Gebetssuren (El-Fatihah und mindestens zwei kurze Suren, wie El-Ikhlas und El-Kewther) und die notwendigen Gebetsformeln so schnell als möglich zu erlernen. Außerdem sollte er sich von einem Geistlichen oder Gelehrten genau erklären lassen, wie er am besten alleine das Gebet verrichten kann, solange er noch nicht die notwendigen Gebetssuren und Bittgebete auf Arabisch auswendigkennt.

Die Verbundenheit mit der Gemeinschaft bringt aber – neben der gemeinsamen Verrichtung der Gebete – noch viele weitere Vorteile mit sich, denn sie stärkt den Zusammenhalt und die Brüderlichkeit unter den Muslimen ungemein. Besonders an den Freitagen, den islamischen Festtagen zum Opferfest und zum Fastenbrechen und zum täglichen Fastenbrechen während des Monats Ramadan, trifft sich der Großteil der Gemeindemitglieder in der Moschee und betet gemeinsam zum Erhabenen Allah .

An diesen Tagen trifft man gleichgesinnte Muslime verschiedenster Herkunft und Altersgruppen. Man lauscht gemeinsam den Vorträgen des Imams, speist zusammen, plaudert ein wenig und lernt sich gegenseitig kennen. Dabei entstehen viele Freundschaften fürs Leben. An diesen Tagen sendet der Erhabene Allah besonders viel von Seinem

---

165 Dies geht nur in der hanefitischen Rechtsschule. Vgl.: „El-Fiqh alel Medhahibil Erbe'ah", Band 1, Seite 209. Bevor man sich allerdings die Mühe macht, die komplette Sura El-Fatihah auf Deutsch zu erlernen, sollte man sich lieber darum bemühen, einen kurzen Quranvers auswendig zu lernen; dies geht auf jeden Fall schneller.

Segen auf die Moscheegemeinden herab und dadurch entsteht ein Gefühl von echter Brüderlichkeit und aufrichtiger Liebe unter den Gläubigen. So wird jeder Festtag ein Event für die Gläubigen und bei der Zelebration der religiösen Feste erwächst in den Muslimen ein Gefühl der Zusammengehörigkeit und Solidarität. Dies führt wiederum dazu, dass man sich auch außerhalb der Gemeinde gegenseitig unterstützt wo es nur geht und sich gegenseitig zum Guten an- und vom Schlechten abhält, was wiederum sowohl die Gottesfurcht und Gottesliebe des Einzelnen als auch die Liebe und Brüderlichkeit zwischen den Muslimen im Allgemeinen stärkt.

Im Gemeinschaftsgebet vereinen sich die Gläubigen in einer Reihe hinter ein und demselben Imam. Dabei ist keiner der Betenden besser als der andere und alle Unterschiede werden aufgehoben: Der Arme steht neben dem Reichen, der Junge neben dem Alten, der Starke neben dem Schwachen und der Schwarze neben dem Weißen.

Vereint im Glauben und dem Willen, dem Schöpfer so gut es nur geht zu dienen, verschmilzt die Gemeinschaft im Gebet zu einer Einheit und einem einzigen Körper. Die Herzen der Gläubigen schlagen im Gleichklang der Gottesliebe, sie beugen sich gemeinsam vor dem einzig Anbetungswürdigen und werfen sich gemeinsam vor dem Herrn aller Welten nieder. Auf diese Weise lösen sich der Stolz des Reichen gegenüber dem Armen und die Demut des Armen gegenüber dem Reichen und die Geringschätzung des Alten gegenüber dem Jungen und die Respektlosigkeit des Jungen gegenüber dem Alten und das Überlegenheitsgefühl des Starken gegenüber dem Schwachen und die Ohnmacht des Schwachen gegenüber dem Starken in Gottes Wohlgefallen auf. Fremdenhass und Vorurteile weichen einem Gefühl der Verbundenheit und Zusammengehörigkeit, die Skepsis weicht der Zuneigung und die Distanz der Nähe. Denn das Gemeinschaftsgefühl der Dschema'ah ist stärker als alle Vorurteile und Ressentiments, die es unter Muslimen eigentlich sowieso nicht geben dürfte.

Der Prophetengefährte Dscha'bir Bin Abdullah ﷠ berichtet hierzu:
„Der Gesandte ﷺ sagte in seiner Abschiedspredigt: *„O ihr Leute!
Wahrlich ist euer Herr Einer! Aufgemerkt! Kein Araber ist besser als
ein Nichtaraber und kein Nichtaraber besser als ein Araber und kein
Roter (damit sind die Weißen gemeint, weil sie eine rosige Hautfarbe
haben) ist besser als ein Schwarzer und kein Schwarzer besser als ein
Roter, außer durch seine Gottesfurcht. Gewiss ist der Bestangesehenste
unter euch bei Allah der Gottesfürchtigste von euch!"* [166]

Von der Notwendigkeit sich einer islamischen Rechtsschule anzuschließen

**„O ihr Gläubigen! Gehorcht Allah, dem Gesandten und den
Verantwortlichen unter euch!"**[167]

Der Erhabene Allah﷾ erklärt in diesem Quranvers die Reihenfolge
der Methode der Rechtsfindung im Islam. Mit „Allah﷾ " ist der Edle
Quran gemeint, mit „dem Gesandten" die Sunneh des Propheten
Muhammed ﷺ und laut dem großen Rechtsgelehrten unter den
Gefährten, Ibn Abbas ﷠, sind mit „den Verantwortlichen die islami-
schen Rechts- und Religionsgelehrten gemeint."[168]

Und an anderer Stelle im Edlen Quran heißt es: **„Fragt doch die
Wissenden, wenn ihr selbst es nicht wisst!"**[169]

Hier fordert der Erhabene Allah﷾ die Gläubigen explizit dazu auf, die
Gelehrten unter ihnen zu befragen, wenn sie selbst nicht über aus-
reichend religiöses Wissen verfügen. Und so sollten die Rechtsurteile

---

166 El-Beyheqi: Schu'abul Iman: 34. Buch: Fi Hifdhi Lisan: „We mimma yedschibu fi Hifdhi Lisan"; Nr. 5137.
167 4. Sura: En-Nisa, Vers 59.
168 Überliefert in: „Tefsir Ibn Kethir: Sura En-Nisa, Vers 59". Diese Meinung vertreten auch die frühen
     Quraninterpreten, wie Mudschahid, Ata, El-Hasan el-Basri und Ebul Aliyeh – möge der Erhabene
     Allah ﷾ mit ihnen allen barmherzig verfahren.
169 16. Sura: En-Nahl, Vers 43.

in der Religion nur von den Rechtsgelehrten übernommen werden und der Laie sollte sich ihrem qualifizierten Urteil anschließen, anstatt sich selbst darum zu bemühen, zu einem eigenständigen Urteil zu kommen. Diese Methode nennt man „Taqlid", was wörtlich so viel wie „Nachahmung" bedeutet.

Dass man einer der vier Rechtsschulen nachzufolgen hat, wurde über die Jahrhunderte hinweg in der gesamten islamischen Welt nie ernsthaft infrage gestellt.

Im Folgenden wollen wir auf dieses Thema etwas detaillierter eingehen und dabei einige große islamische Gelehrte zu Worte kommen lassen:

Im Vorwort zu dem äußerst bedeutsamen Rechtswerk der hanefitischen Rechtsschule „Reddul Muhtar ala Durril Mukhtar" wird die Entstehung des islamischen Rechtswesens und der islamischen Rechtsschulen auf folgende Weise erklärt: „Wahrlich ist Islamisches Recht (Fiqh) die Kenntnis der Bestimmungen des göttlichen Rechtsprechungsverfahrens. Diese Kenntnis bezieht sich sowohl auf die praktische Anwendung, den Vollzug als auch auf die Verbindlichkeit dieser Rechtsprechung. Die Anfänge dieser Wissenschaft reichen bis in das Zeitalter des Propheten ﷺ und der Offenbarung zurück: Im Edlen Quran wurden göttliche Rechtsbestimmungen herabgesandt und der Gesandte Allahs ﷺ erzählte den Menschen von diesen Bestimmungen und erläuterte diese bis ins kleinste Detail. Er definierte die Voraussetzungen (für die Anwendung) dieser Bestimmungen und beschrieb die Methode der korrekten Ausführung dieser Bestimmungen. Diese Präzisierung der göttlichen Gesetze geschah teilweise anhand von Aussprüchen und Taten des Gesandten ﷺ und teilweise dadurch, dass er die göttlichen Bestimmungen praktisch umsetzte oder Aussagen oder Taten der Gefährten ﷺ, die mit der Religion Allahs und Seiner Rechtslehre übereinstimmten, bestätigte.

Der Ursprung all dieser Rechtsbestimmungen geht auf göttliche Offenbarung zurück: Entweder auf die wörtliche Wiedergabe der Offenbarung, also den Edlen Quran oder auf die sinngemäße Wiedergabe der Offenbarung, also die Sunneh.

Die Gefährten ﷠ wandten sich an den Gesandten ﷺ, wenn sie etwas wissen wollten, ein Rechtsurteil brauchten oder damit er Streit zwischen ihnen schlichtete und unter ihnen Recht sprach. Es entstand die vortreffliche muslimische Gesellschaftsordnung und das vernünftige islamische Staatswesen und es wurde der Vollzug der islamrechtlichen und himmlischen Gesetze in Bezug auf den Einzelnen, die Gesellschaft, das Gemeinwesen und das Staatswesen eingeführt. Das leuchtende islamische Rechtssystem wurde vollendet und der Gesandte Allahs ﷺ übergab dieses als anvertrautes Gut (den Menschen) und lud diese dazu ein, (es anzunehmen).

Nach dem Ableben des Gesandten Allahs ﷺ erledigten die Gefährten ﷠ die Aufgabe (der Rechtsfindung) nach bestem Wissen und Gewissen. Dabei stützten sie sich auf die Regeln des göttlichen Rechts, die sie beim Gesandten ﷺ vorfanden. Und dabei nutzte ihnen ihre Lebenserfahrung, die sie erlangten, als sie bei der Offenbarung und den Anlässen, die zur Entsendung (der einzelnen Verse) des Edlen Quran führten, zugegen waren und ihre außergewöhnlichen Fähigkeiten, die sie durch die prophetische Erziehung und die Erkenntnis der göttlichen Gesetzgebung und das Verständnis des Zwecks des göttlichen Rechts erwarben. Auf diese Weise befassten sich also die Vorderen, die Gelehrten und die Kalifen unter den Gefährten mit den Regeln der islamischen Rechtslehre und gaben deren Bestimmungen - im Rückgriff auf das Buch des Erhabenen Allah ﷻ - an das Volk weiter: Fanden sie dabei in dem göttlichen Buche das (gewünschte) Rechtsurteil vor, so entnahmen sie dieses daraus und begnügten sich damit. Fanden sie dieses (gewünschte Rechtsurteil) darin aber nicht vor, dann griffen sie auf die

Sunneh zurück und befragten diejenigen Leute, die vom Gesandten ﷺ Kenntnis über diesen Sachverhalt erlangt hatten. Wenn sie dann den gewünschten Sachverhalt in der Sunneh vorfanden, dann hielten sie an diesem fest. Wenn sie dieses (gewünschte Rechtsurteil aber auch in der Sunneh nicht vorfanden), dann forschten sie nach, untersuchten den Sachverhalt und bemühten sich um ein Urteil (Idschtihad) und leiteten den Rechtsspruch des Erhabenen Allah ﷻ mithilfe des Analogieschlusses (Qiyas) und allgemeiner Gesetzmäßigkeiten her. Waren sie sich in einem, auf diese Weise zustande gekommenen, Rechtsurteil einig, so wurde dieses zum Konsens (Idschma') unter ihnen. Dies ist die dritte der Quellen der Rechtsfindung im Islamischen Recht. Stimmten sie darin aber nicht überein, dann stand in diesem Rechtsbereich weiterhin das Tor für die eigenständige Rechtsfindung (Idschtihad) und Herleitung offen.

Die Herleitung des Rechts wurde in unterschiedliche Kategorien eingeteilt. Diese Einteilung richtete sich danach, wie ein Rechtsurteil zustande kam und begründet wurde. So gibt es den Analogieschluss (Qiyas), die Billigung (Istihsan), den Nutzen zum allgemeinen Wohle (Istislah) und das Gewohnheitsrecht (Urf).

Zu dieser Zeit trafen die Gefährten offen eigenständige Rechtsurteile (Idschtihad) oder sie machten Aussagen (zu einzelnen Sachverhalten). Die Rechtsgelehrten unter den Gefährten, fassten diese Ansichten zusammen, bis (diese zusammengefassten Ansichten) mit Rechtsschulen oder Medresen vergleichbar waren, wie zum Beispiel die Rechtsschule des Prophetengefährten Ibn Umer ﷺ, die Rechtsschule des Prophetengefährten Ibn Abbas ﷺ, die Rechtsschule des Prophetengefährten Ibn Mes'ud ﷺ und die Rechtsschule der Prophetenehefrau Aischa ﷺ.

Dieses perfekte System, das sich in der prophetischen Zeit und dem Zeitalter der Gefährten ﷺ etabliert hatte, wurde dann von der nachfolgenden Generation (Tabi'in) übernommen. Die Rechtsgelehrten der

Nachfolgegeneration verbanden ihre Anstrengungen auf dem Gebiet der eigenständigen Rechtsfindung (Idschtihad) mit ihren Ansichten zu Sachverhalten, die es zur Zeit des Gesandten ﷺ und der Gefährten ﷺ so noch nicht gegeben hatte. Im Zeitalter der Nachfolgegeneration, das von der Mitte des 1. Jahrhunderts der Hidschrah[170] bis zum Beginn des 2. Jahrhunderts der Hidschrah andauerte, wirkten großartige Rechtsgelehrte. Im Zeitalter der Nachfolgegeneration gab es bedeutende Rechtswissenschaftler und Rechtsgelehrte (Mudschtehid). Aus dieser Zeit sind besonders die „sieben medinenischen Rechtsgelehrten" Sa'id Bin al-Museyyib ﷺ, Urweh Bin ez-Zubeyr ﷺ, El-Qasim Bin Muhammed ﷺ, Kharidscha Bin Zeyd ﷺ, Ebu Bekr Bin Abdurrahman Bin Harith Bin Hischam ﷺ, Suleyman Bin Yasar ﷺ und Ubeydullah Bin Abdullah Bin Utbeh Bin Mes'ud ﷺ bekannt. Zur selben Zeit wirkten in Medina Nafi ﷺ, der Diener des Prophetengefährten Abdullah Bin Umers ﷺ und noch andere (große Gelehrte). In Kufa wirkten Alqameh Bin Qays ﷺ und Ibrahim en-Nakha'i ﷺ und andere und in Basra El-Hasan el-Basri ﷺ. In Mekka wirkte Ikrimeh ﷺ, der Diener des Prophetengefährten Ibn Abbas ﷺ, Ata Ibn Ebi Rabah ﷺ und Tawus ﷺ, in Damaskus Mekhul esch-Schami ﷺ und Ebu Idris el-Khawlani ﷺ und in Ägypten Leyth Bin Sa'd ﷺ. Darüber hinaus gab es noch eine ganze Reihe anderer vortrefflicher Rechtsgelehrter in der Nachfolgegeneration, wie beispielsweise Muhammed Ibn Sirin ﷺ, el-Eswad Bin Yezidr, Mesruq Bin A'radsch ﷺ, Alqameh en-Nakha'i ﷺ, Scha'bi ﷺ, Schurayh ﷺ und Sa'id Bin Dschubeyr ﷺ.

Jeder von diesen führte den Idschtihad auf seine eigene Art und Weise herbei, stellte eigene Regeln auf und entwickelte eigene Methoden, die so speziell waren, dass sie der Vorstellung von einer Rechtsschule schon sehr nahe kamen. Zu dieser Zeit kristallisierten sich zwei Hauptströmungen der Rechtsfindung per Idschtihad heraus, die unterschiedliche Lehrmeinungen vertraten und auf der einen

---

170 Die „Hidschrah" ist die Auswanderung des Propheten ﷺ von Mekka nach Medina und markiert den Beginn der islamischen Zeitrechnung. Sie fand im Jahre 622 n. Chr. statt.

Seite durch die Hadithschule im Hidschaz und auf der anderen Seite durch die Schule der eigenständigen Rechtsfindung im Irak verkörpert wurden.

Im 2. Jahrhundert der Hidschrah glänzte dann eine ganze Anzahl von Rechtsgelehrten und Theologen in den islamischen Rechtswissenschaften, die die gesamte theologische und rechtswissenschaftliche Kreativität ihrer Vorgänger für sich nutzbar machten und eine eigene klare Methodik entwarfen und eine neue Rechtsfindungspraxis etablierten. Um diese Gelehrten scharten sich Schüler und Studenten (der Rechtswissenschaften) und sowohl das Volk als auch die Richter wandten sich ratsuchend an sie und folgten ihren Ansichten. Diese (Studenten) fassten die Lehrmeinungen (ihrer Lehrer) zusammen und schrieben die Methoden jener Rechtsschulen, die sich bereits etabliert hatten und unabhängig voneinander wirkten, nieder. Die bedeutendsten unter diesen Rechtsgelehrten (Mudschtehid) sind die folgenden 13 Personen: Sufyan Bin Uyaynehr und Malik Bin Enes ﷺ in Medina, El-Hasan el-Basri ﷺ in Basra, Ebu Hanifeh ﷺ und Sufyan eth-Thewri ﷺ in Kufa, Ewza'i ﷺ in Syrien, Esch-Schaf'i ﷺ und El-Leyth Bin Sa'd ﷺ in Ägypten, Ishaq Bin Rahuyeh ﷺ in Nisabur und Ebu Thewr ﷺ, Ahmedr, Dawud edh-Dhahiri ﷺ und Ibn Dscharir et-Tabari ﷺ in Bagdad.

Darüber hinaus entstanden in diesem Zeitalter auch noch andere (nichtsunnitische) Rechtsschulen, die nach denjenigen Rechtsgelehrten benannt wurden, denen diese (Rechtsschulen) zugeschrieben wurden, wie die imamitische Rechtsschule der Schi'a, die Dscha'fer es-Sadiq ﷺ zugeschrieben wurde, die schi'itische Rechtsschule der Zeydiyyeh, die Imam Zeyd Bin Ali ﷺ zugeschrieben wurde und die ibaditische Rechtsschule, die Abdullah Bin Ibad et-Temimi ﷺ zugeschrieben wurde.

(Nach der Etablierung) dieser Rechtsschulen wurde diesen (zwangsläufig der ihnen gebührenden Wert beigemessen) und schlussendlich blieben nur noch die vier, in der heutigen islamischen Welt bekannten,

Rechtsschulen übrig. Diese sind die hanefitische, die malikitische, die schafi'itische und die hanbelitische Rechtsschule. Darüber hinaus gibt es innerhalb der schi-itischen imamitischen Rechtsschule die dscha'ferische Rechtsschule, die zeyditische Rechtsschule im Jemen und die ibaditische Rechtsschule, die in mehreren Ländern verbreitet ist."[171]

Wir sehen also, dass die vier sunnitischen Rechtsschulen nichts anderes sind, als die Verwalter des Erbes des Gesandten Allahs ﷺ und seiner Gefährten ﵂. Schon diese begannen damit, jene Rechtsfindungsmethoden festzuschreiben, auf deren Basis sie ihre Rechtsurteile erstellten. In der Nachfolgegeneration setzte sich dieser Prozess fort und bald darauf fand dieser in der Etablierung der vier sunnitischen Rechtsschulen seinen Abschluss.

Die Überlieferungskette der hanefitischen Rechtsschule

Nun stellt sich die Frage, welcher Personenkreis heutzutage überhaupt dazu autorisiert ist, neues Recht aus den Rechtsquellen Quran und Sunneh herzuleiten. Der bedeutende Aqideh-Gelehrte[172] Imam Badschuri ﵂ gibt hierauf folgende Antwort: „Keiner der (heutigen) Menschen besitzt die Fähigkeit ein selbständiges Rechtsurteil (aus den Rechtsquellen Quran und Sunneh) zu entnehmen. [...] Deshalb ist es für jeden, der nicht dazu in der Lage ist, ein selbständiges Rechtsurteil aus diesen beiden genannten Quellen zu entnehmen – selbst wenn er ein Rechtsgelehrter ist, der nach den Methoden einer der vier Rechtsschulen Recht herleiten kann oder einer ist, der Rechtsurteile (aufgrund bestehender Rechtsgrundlagen in einer der vier Rechtsschulen)

---

171 Vorwort zu: Ibn Abidin: „Reddul Muhtar ala Durril Mukhtar." Band I: Vorwort (ohne Seitenangaben).
172 Die „Aqideh" ist die Lehre der Glaubensgrundsätze des Islam. Sie beschäftigt sich also mit dem Thema „Iman".

ausstellen kann - verpflichtend, dass er einem der Begründer der vier Rechtsschulen in ihrer Rechtsfindungsmethode nachfolgt. Und es ist nicht erlaubt, anderen als diesen vier Rechtsschulen nachzufolgen, sei es auch eine der ehrenwerten Gefährten des Propheten ﷺ, denn deren Rechtsschulen wurden nicht (gleichermaßen) schriftlich niedergelegt, wie die vier Rechtsschulen und deren Rechtsfindungsmethoden nicht (gleichermaßen präzise) festgelegt, wie jene der vier (sunnitischen) Rechtsschulen."[173]

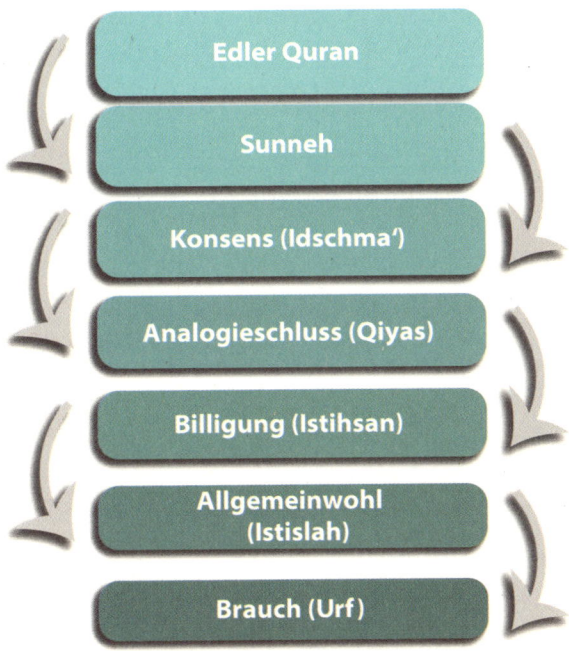

Die Rangfolge der Rechtsfindungsmethoden

So bleibt also den heutigen Gelehrten nur die Herbeiführung neuer Rechtsurteile auf der Basis der Methodik eines der Begründer der vier Rechtsschulen.

Hierbei ist es nur ausgebildeten Spezialisten der Rechtswissenschaften erlaubt, Rechtsurteile zu erstellen. Und dies war übrigens auch schon zu Lebzeiten des Gesandten ﷺ so, denn nicht alle Gefährten ﷺ waren

173 El-Badschuri: „Fethul Madschid fi Beyan Tuhfetul Murid ala Dschewherati Tewhid", S. 361f.

Spezialisten in der Auslegung des Edlen Quran und der Erstellung von Rechtsurteilen, sondern nur einige wenige von ihnen.

Die Mitglieder der einzelnen arabischen Stämme und Familienverbände konnten dann an diese Spezialisten unter ihnen ihre Fragen stellen und diese Spezialisten erfüllten hierdurch die kollektive Pflicht des Wissenserwerbs ihrer gesamten Gemeinschaften. Diese Vorgehensweise wurde vom Erhabenen Allah im Edlen Quran ausdrücklich angeregt.

Auch nach dem Ableben des Gesandten Allahs wurde dieser gute Brauch von den Prophetengefährten fortgesetzt: Diese waren bei der Erstellung von Rechtsurteilen sehr zurückhaltend und verwiesen Fragende mit ihrem Anliegen zumeist an einen der Spezialisten in den Rechtswissenschaften unter ihnen, so beispielsweise an die Mutter der Gläubigen Aischa oder den großen Rechtsgelehrten Ibn Abbas.

Imam el-Ghazali schrieb hierzu: „Die Gefährten gingen sehr vorsichtig mit der Erstellung von Rechtsurteilen um. Dies ging soweit, dass jeder von ihnen (den Fragesteller) an einen seiner Gefährten weiterverwies."[174]

Aber natürlich kamen die Rechtsspezialisten unter den Gefährten letztlich nicht um die Ausstellung von Rechtsurteilen herum, auch wenn sie dies nur allzu gerne umgangen hätten, weil sie sich der hohen Verantwortung, die hiermit einherging, wohlbewusst waren. Und hierbei kam es dann auch fast zwangsläufig zu unterschiedlichen Rechtsauffassungen unter ihnen, da sie ja nicht selten auf unterschiedliche Rechtsherleitungsmethoden zurückgriffen.

Im schon zuvor zitierten Vorwort zum „Reddul Muhtar ala Durril Mukhtar" wird auch auf jene Meinungsverschiedenheiten und die dahinter verborgen liegende göttliche Weisheit eingegangen, die aus den unterschiedlichen Rechtsauffassungen der rechtsgelehrten Prophetengefährten resultierten:

---

174 El-Ghazali: „Ihya'u Ulumu Din", Band I: „Kitabul Ilm", S. 28.

„Zur Zeit des Gesandten ﷺ gab es keine Meinungsverschiedenheiten in der islamischen Gesetzgebung, denn keiner der Gefährten ﷺ widersprach seiner Ansicht. Wenn sich ein bestimmter Vorfall ereignete und einer der Gefährten eine eigene Rechtsauffassung dazu hatte, unterbreitete er diese dem Gesandten ﷺ: Akzeptierte und bestätigte er dessen Meinung, so wurde diese zu einer religiösen Regel (durch die „Sunneh der Bestätigung"). Stimmte er nicht mit dessen Ansicht überein, so wurde diese verworfen. Und so wurde also bei der Rechtsfindung jener Urteile, die auf dem Idschtihad basierten, auf die Sunneh zurückgegriffen.

Nach dem Ableben des Gesandten ﷺ wurde es, in Anbetracht vieler Ereignisse und Vorfälle, für die es keine Vergleichsfälle gab und bei denen man auch nicht auf den Edlen Quran und die Sunneh zurückgreifen konnte, unabdingbar, dass die Rechtsgelehrten (unter den Gefährten und der Nachfolgegeneration) eigenständige Rechtsurteile (Idschtihad) herbeiführten, um Lösungen zum Umgang mit diesen (neuartigen) Vorfällen und Ereignissen anbieten zu können.

Hierbei kam es zu Meinungsverschiedenheiten zwischen den Rechtsgelehrten. Diese Meinungsverschiedenheiten begannen schon zu Lebzeiten der Gefährten und wurden von dort erst auf die Medresen und schließlich auf die Rechtsschulen übertragen.

Die Meinungsverschiedenheit liegt in der Natur der Sache des Idschtihad und entsteht notwendigerweise bei der Herbeiführung eigenständiger Rechtsurteile. Die Absicht aller Rechtsgelehrten ist es, ein (korrektes) religiöses Urteil zustande zu bringen und ein jeder gibt sein Bestes bei der Urteilsfindung. Die Meinungsverschiedenheiten unter den Gelehrten sind weder schändlich, noch bringen sie Schaden mit sich, sondern sie sind ein Beweis für die enorme geistige Reife dieser Rechtsgelehrten und die Flexibilität des islamischen Rechtssystems und dessen Anpassungsfähigkeit an das Wohl der Allgemeinheit. Wären die Grundlagen der göttlichen Gesetzgebung (Quran und Sunneh zu) starr, dann bestünde auch kein Spielraum für Meinungsverschiedenheiten bei der Herleitung von Recht aus diesen Quellen."[175] Und dann wäre das islamische Rechtssystem nicht in der Lage, auf neuentstehende Problemlagen passende Antworten zu geben...

Zu diesem Umstand wurde überliefert, dass der Gesandte ﷺ Folgendes sagte: *„Die Meinungsverschiedenheiten meiner Gemeinschaft sind ein Segen."*[176] Damit meinte er, „dass Meinungsverschiedenheiten ein Segen und eine Wohltat für die islamischen Gelehrten sind."[177] Denn hierdurch haben sie mehr Spielraum bei der Erstellung von Rechtsurteilen und können flexibler auf die neuentstehenden Probleme der nachprophetischen Zeit eingehen.

Von der richtigen Absicht

Der Gesandte ﷺ sagte: *„Die Tat geht mit ihrer Absicht einher. Und jede Person bekommt, was sie beabsichtigt. Wessen Auswanderung also für Allah ﷻ und Seinen Gesandten ist, dessen Auswanderung ist für Allah ﷻ und Seinen Gesandten. Und wessen Auswanderung des Erwerbs irdischer Dinge oder der Heirat mit einer Frau wegen ist, dessen Auswanderung ist für das, wofür er ausgewandert ist."*[178]

Der Erhabene Allah ﷻ beurteilt und entlohnt die Taten Seiner Diener gemäß ihrer Absicht: Wer durch eine Tat irdischen Lohn oder die Heirat mit einer Frau beabsichtigt, ohne dabei Allahs Wohlgefallen anzustreben, der braucht nicht darauf zu hoffen, dafür jenseitigen Lohn zu erhalten. Wer aber eine Tat mit reiner Absicht - darauf hoffend, seinen Herrn zufrieden zu stellen und mit Ihm im Jenseits zusammenzutreffen - ausführt, der wird dafür vom Erhabenen Allah ﷻ reichhaltig

---

175 Vorwort zu: Ibn Abidin: „Reddul Muhtar ala Durril Mukhtar", Band I: Vorwort (ohne Seitenangaben).
176 Sahih Muslim bi Scherhi Newewi: Kitabul Wasiyyeh, S. 258.
177 Erläuterung dieser Überlieferung: Ebd., S. 258.
178 El-Bukhari: „Ma dscha'e innel A'mal bi Niyyati wel Hisbati we likulli Imri'in ma newa", Nr. 54.

mit jenseitigem Lohn bedacht: **„Wer darauf hofft (im Jenseits) auf seinen Herrn zu treffen, der handle rechtschaffen und geselle seinem Herrn in seinem Dienst nichts bei."**[179]

Will man also, dass eine Tat vom Erhabenen Allah vollumfänglich akzeptiert und entlohnt wird, dann muss die Absicht dafür einzig und allein auf die Zufriedenheit des Erhabenen Allah gerichtet sein. Beabsichtigt man mit einer Tat hingegen nicht das Wohlgefallen des Erhabenen Allah, sondern nur irdische Vorteile, wie beispielsweise Ruhm oder Wohlstand, dann wird eine solche Tat vom Erhabenen Allah überhaupt nicht akzeptiert. Der gesegnete Prophet sagte hierzu: *„Wahrlich akzeptiert Allah keine Handlungen, außer wenn diese mit reiner Absicht (verrichtet werden) und mit ihnen Sein Wohlgefallen beabsichtigt wird."*[180]

Die islamischen Gelehrten gehen bei ihrer Einschätzung der Bedeutung der aufrichtigen Absicht soweit, dass sie sagen, „dass die Absicht schwerer wiegt als die Tat selbst."[181]

Diesen Umstand führt der berühmte Qurankommentator Beydawi im Folgenden näher aus: „Eine Handlung ohne die entsprechende Absicht dazu, ist nicht gültig. Denn die Absicht wird (auch dann) belohnt, wenn die Tat nicht ausgeführt wird. Die Tat ohne die entsprechende Absicht hierzu ist hingegen Staub (also ein Nichts). Die Absicht einer Tat lässt sich mit der Seele in einem Körper vergleichen: Ein Körper kann nicht weiterexistieren, nachdem ihn die Seele verlassen hat. Und in dieser Welt ist eine Seele nur dann wahrnehmbar, wenn sie mit einem Körper verbunden ist."[182]

Die Art der Absicht ist also der Quell der Belohnung oder Bestrafung des Menschen. Und wenn man die Absicht zu einer Tat erst einmal

---

179 18. Sura: El-Kehf, Vers 110.
180 In: „Dschami'ul Ulum wel Hikem fi Scherhi Khamsineti Hadithen min Dschewami'il Kelim", S. 18: Dies überliefert Imam En-Nesa'i in seinem Hadithsammlung „Sunnetul Kubra", Nr. 4348.
181 In: „Dschami'ul Ulum wel Hikem fi Scherhi Khamsineti Hadithen min Dschewami'il Kelim", S. 14: Dies überliefert Ebu Na'im in seiner Hadithsammlung „El-Hilyeh" (Band 3, S. 70) von Yahya Bin Ebi Kethir.
182 Dr. Mustafa Bugha; Muhyi Din el-Mistu: „El-Wafi fi Scherhil Erba'ineh en-Newewiyyeh", S. 14.

gefasst hat, dann wird diese Absicht vom Erhabenen Allah im Guten wie im Schlechten vergolten, auch wenn man aus irgendeinem Grund diese Absicht nicht in die Tat umsetzen konnte. Der Gesandte sagte hierzu: *„Wenn sich zwei Muslime mit ihren Schwertern duellieren, dann werden der Mörder und der Ermordete ins Feuer geworfen werden."*

Und als ihn daraufhin einer seiner Gefährten fragte: „O Gesandter Allahs! Das mit dem Mörder verstehe ich, aber warum auch der Ermordete?", erwiderte er ihm: *„Weil dieser ebenfalls beabsichtigte, seinen Gefährten zu töten."*[183]

Jede Tat, die einen Nutzen für den Handelnden hat, soll einzig und allein für den Erhabenen Allah ausgeführt werden. Ein paar kleine Beispiele hierzu:

- Man kann eine Speise sowohl wegen ihres guten Geschmacks zu sich nehmen oder weil man sich von ihr eine Stärkung für den Dienst am Erhabenen Allah erhofft.

- Man kann seiner Arbeit sowohl nachgehen, um sich von dem Lohn dafür Luxusgüter des Luxus wegen kaufen zu können oder um damit seiner Familie - für Allahs Wohlgefallen - einen angenehmen Lebensstandard bieten zu können.

- Man kann jemanden sowohl deshalb heiraten, um in eine angesehene Familie einzuheiraten oder um der Sunneh des Gesandten zu folgen.

- Man kann ein Buch sowohl deshalb schreiben, um dadurch berühmt und bewundert zu werden oder um den Menschen eine Hilfestellung auf dem Wege Allahs zu bieten.

Wer all seine Handlungen mit der rechten Absicht versieht, kann jeden Augenblick seines Lebens zu einer gottesdienstlichen Handlung machen und wird dann vom Erhabenen Allah selbst für Dinge wie

---

183 El-Bukhari: Iman, 31.

den Gang auf die Toilette oder den nächtlichen Schlaf belohnt. Zubeyd el-Yami ﷺ sagte hierzu: „Beabsichtige bei allen Dingen, die du bezweckst, Gutes; sogar wenn du auf die Toilette gehst."[184]

Zielt man hingegen mit seinen Taten allein auf irdischen Lohn wie Ansehen oder Reichtum ab, so wird man am Tage der Abrechnung im Verlust sein. Der Gesandte ﷺ sagte hierzu: *„Wahrlich wird der erste der Menschen, der am Tage des Gerichts zur Rechenschaft gezogen wird, ein Mann sein, der den Märtyrertod starb. So wird dann dieser Mann (vor seinen Herrn) gebracht und es werden ihm all jene Güter aufgezählt, die er (bereits auf Erden) erhielt. So kennt er diese also. Danach spricht der Erhabene Allah f zu ihm: „Was hast du dafür getan, (dass du diese Güter verdient hast)?" Er antwortet: „Ich habe für Dein Wohlgefallen gekämpft, bis ich dabei den Märtyrertod starb." Da sagt Allah ﷻ zu ihm: „Du hast gelogen! Du hast nur deswegen gekämpft, damit gesagt wird: Er ist mutig. Und so wurde es (denn auch von den Leuten) gesagt." Danach wird das Urteil über ihn gesprochen und er wird auf seinem Gesicht hinfort geschleift und ins Feuer geworfen.*

(Danach ist) ein Mann (an der Reihe), der Wissen erlernte und dieses weitervermittelte und den Quran vortrug. Auch dieser Mann wird (vor seinen Herrn) gebracht und es werden ihm all jene Güter aufgezählt, die er (auf Erden) erhielt. So kennt er diese also. Danach spricht der Erhabene Allah ﷻ zu ihm: „Was hast du dafür getan, (dass du diese Belohnung verdient hast)?" Er antwortet: „Ich habe Wissen erworben und dieses weitervermittelt und ich trug für Dein Wohlgefallen den Quran vor." Da sagt Allah ﷻ zu ihm: „Du hast gelogen! Du hast nur deswegen Wissen erworben, damit gesagt wird: Er ist ein Gelehrter. Und du hast nur deswegen den Quran vorgetragen, damit gesagt wird: Er ist ein Vortragender. Und so wurde es (denn auch von den Leuten) gesagt." Danach wird das Urteil über ihn gesprochen und er wird auf seinem Gesicht hinfort geschleift und ins Feuer geworfen.

---

184 In: „Dschami'ul Ulum wel Hikem fi Scherhi Khamsineti Hadithen min Dschewami'il Kelim", S. 14: Überliefert in Deynuris Hadithwerk: „El-Medschaliseh", Nr. 3533.

(Danach ist) ein Mann (an der Reihe), den Allah⌘ reichgemacht hat und dem Er von allen Arten des Besitzes gegeben hat. Auch dieser Mann wird (vor seinen Herrn) gebracht und es werden ihm all jene Güter aufgezählt, die er (auf Erden) erhielt. So kennt er diese also. Danach spricht der Erhabene Allah⌘ zu ihm: „Was hast du dafür getan, (dass du diese Güter verdient hast)?" Da antwortet er: „Ich habe es nicht unterlassen mein Geld für Dein Wohlgefallen auf Deinem Wege auszugeben, für die Dinge, die Dir lieb sind." Da sagt Allah⌘ zu ihm: „Du hast gelogen! Du hast dies nur deswegen gemacht, damit sie sagen: Er ist großzügig. Und so wurde es (denn auch von den Leuten) gesagt." Danach wird das Urteil über ihn gesprochen und er wird auf seinem Gesicht hinfort geschleift und ins Feuer geworfen."[185]

Wir sollten also sehr auf unsere Absichten achten und diese immer wieder überprüfen. Denn nur allzu schnell schleichen sich in unser Handeln falsche Absichten ein, die unsere anfängliche Reinherzigkeit zunichtemachen und unsere Absicht weg von dem Willen zur Erzielung des Wohlgefallens des Erhabenen Allah⌘ und hin zu dem Willen zur Erzielung des Wohlgefallens unserer Mitmenschen oder anderer falscher Ziele drehen...

---

185 Muslim: El-Imarah, Nr. 1905.

Die Einflüsterung des Scheytan ist ein Zeichen des Iman

„Wahrlich ist der Scheytan euer Feind. So nehmt ihn euch auch zum Feind. Wahrlich ruft er seine Parteigänger nur dazu auf, Gefährten des Höllenfeuers zu sein!"[186]

Woher stammt nun diese Todfeindschaft des Scheytan gegenüber dem Menschen? Hierzu wird in den bekannten Quran-Kommentaren folgende Geschichte überliefert:

Nachdem der Erhabene Allah beschlossen hatte, den Menschen aus Lehm zu erschaffen, offenbarte er der Erde: „Ich werde aus dir Geschöpfe erschaffen, von denen Mir manche gehorsam sein werden und sich andere gegen Mich auflehnen werden!"

Und als Ihn daraufhin die Erde fragte: „Willst Du aus mir Geschöpfe erschaffen, die fürs Feuer bestimmt sind?" und Er ihr mit „Ja!" geantwortet hatte, weinte sie bitterlich darüber und schwor sich, dies nicht zuzulassen.

Anschließend entsandte der Erhabene Allah den Engel Dschibril auf die Erde, auf dass er von dort etwas von der schwarzen und der roten und der weißen und der gelben und der süßen und der sauren und der salzigen und der bitteren Erde hole, weil Er daraus den ersten Menschen Adem formen wollte. Doch als Dschibril auf der Erde ankam, weigerte sich diese, ihm etwas von ihrer Erde zu geben und sprach zu ihm: „Ich suche meine Zuflucht beim Erhabenen Allah davor, dass du von mir auch nur ein Stäubchen Erde nimmst!"

---

186 35. Sura: Fatir, Vers 6.

Da kehrte Dschibril ﷺ unverrichteter Dinge zu seinem Herrn zurück und sprach zu Diesem: „Da sie bei Dir ihre Zuflucht vor mir gesucht hat, schreckte ich davor zurück, Deinen Befehl auszuführen!"

Und als da der Erhabene Allah ﷻ den Engel Mika'il ﷺ in gleicher Mission auf die Erde schickte, erging es diesem genauso und er kam ebenfalls wieder mit leeren Händen zurück...

Da schickte der Erhabene Allah ﷻ den Engel Azra'il ﷺ auf die Erde und als diese auch vor ihm ihre Zuflucht beim Erhabenen Allah ﷻ suchte, erwiderte er ihr nur: „Und ich suche meine Zuflucht beim Erhabenen Allah ﷻ davor, Seinen Befehl zu missachten!" und entnahm anschließend die verschiedenen Arten von Erde und kehrte wieder zu seinem Herrn zurück.

Und weil der Engel Azra'il ﷺ so wenig Mitleid gegenüber der Erde gezeigt hatte, machte ihn der Erhabene Allah ﷻ zu jenem Engel, der den Menschen in der Stunde ihres Todes die Seele entnimmt, denn für diese Aufgabe darf man kein Mitleid haben...

Anschließend formte der Erhabene Allah ﷻ aus den verschiedenen Arten der Erde den Körper Adems ﷺ und stellte diesen zum Trocknen vor dem Eingang des Paradieses auf.

Da kamen die Engel herbei und staunten über die Art und die Form seines Körpers, denn so etwas hatten sie noch nie zuvor gesehen. Und auch der Scheytan kam herbei und fragte die Engel nach dem Grund der Erschaffung dieses seltsamen Wesens. Und da ihm diese keine Antwort darauf geben konnten, schlich er um den Körper Adems ﷺ herum und sprach: „Dieses Geschöpf ist nicht als Statthalter Gottes auf Erden geeignet!"

Anschließend fragte er die Engel: „Wenn Allah ﷻ dieses Geschöpf euch vorziehen wird, was werdet ihr dann machen?"

Sie antworteten: „Wir werden unserem Herrn gehorsam sein und nicht gegen Ihn aufbegehren!"

Der Scheytan aber sprach zu sich selbst: „Wenn Er mich ihm vorziehen wird, werde ich ihn sofort vernichten und wenn Er ihn mir vorziehen wird, dann werde ich alles daransetzen, um ihn in die Irre zu leiten!"

Und nachdem der Erhabene Allah﷾ Adem ﷺ seine Seele eingegeben hatte und den Scheytan und die Engel dazu aufforderte, sich vor diesem zu verbeugen, brachten den Scheytan sein Hochmut und sein Neid gegenüber Adem ﷺ zu Fall und er weigerte sich, den Befehl des Erhabenen Allah﷾ auszuführen. Und als ihn da der Erhabene Allah﷾ fragte: **„Was hinderte dich daran, dich vor ihm niederzuwerfen, als Ich dir dies befahl?"**, erwiderte ihm der Scheytan: **„Ich bin besser als er! Denn Du erschufst mich aus Feuer, ihn aber aus Lehm!"**[187]

Da verbannte ihn der Erhabene Allah﷾ mit folgenden Worten aus dem Paradies: **„Hinab mit dir! Es geziemt sich nicht für dich, hier den Hochmütigen zu spielen! Hinaus mit dir, du sollst (fortan) einer der Erniedrigten sein!"**[188]

Doch der Scheytan bat den Erhabenen Allah﷾ um Aufschub und sprach: **„Gewähre mir Aufschub bis zu jenem Tag, an dem sie alle (vom Tode) auferweckt (und von Dir zur Rechenschaft gezogen werden)!"**[189]

Und da der Erhabene Allah﷾ den Scheytan als Prüfung für die Menschen zu verwenden gedachte, gestattete Er ihm dies und sprach: **„Du sollst zu jenen gehören, denen Aufschub gewährt wird!"**[190]

Da schwor der verfluchte Scheytan den Menschen mit folgenden Worten die ewige Feindschaft: **„Weil Du mich vom rechten Weg**

---

187 7. Sura: El-A'raf, Vers 12.
188 Ebd., Vers 13.
189 Ebd., Vers 14.
190 Ebd., Vers 15.

abirren ließest, werde ich ihnen auf Deinem geraden Weg auflauern. Und dann werde ich von vorne und von hinten und von rechts und von links über sie kommen und Du wirst die meisten von ihnen als Undankbare vorfinden!"[191]

Daraufhin fällte der Erhabene Allah Sein Urteil über den verfluchten Scheytan und alle jene, die ihm folgen, indem Er sprach: **„Hinfort mit dir, verachtet und verstoßen! Wahrlich, wer (auch immer) dir von ihnen folgt: Ich werde die Hölle mit euch allen füllen!"[192]**

In seinem Kampf gegen den Menschen stehen dem Scheytan keine Panzerbataillone, Flugzeugträger oder Atombomben zur Verfügung. Nein! Er besitzt hierfür nicht einmal Steine oder Holzknüppel. Seine einzige Waffe im Kampf gegen den Menschen ist die „Wesweseh", die Einflüsterung in das Herz des Menschen.

Mithilfe dieser Wesweseh mischt sich der Scheytan in die Gedankenwelt des Menschen ein. Dies ist ihm möglich, weil er dem Menschen so nahe ist, dass er quasi ein Teil des menschlichen Organismus ist und deshalb aus dem Menschen heraus auf diesen einwirken kann. Der Gesandte Allahs sagte hierzu: *„Wahrlich bewegt sich der Scheytan im Sohn Adems auf denselben Bahnen wie sein Blut!"[193]*

So ist es also ganz natürlich, dass der Scheytan dem Menschen einflüstert. Doch ganz egal, wie schlimm die Gedanken auch sein mögen, die einem der Scheytan in den Kopf setzt, solange man nicht die Absicht dazu fasst, diese schändlichen Gedanken in die Tat umzusetzen, können sie dem Menschen nichts anhaben. Denn Gedanken sind frei! Und dies bedeutet, dass der Mensch nicht vom Erhabenen Allah für seine Gedanken zur Rechenschaft gezogen wird. Im Gegenteil könnte man der Wesweseh sogar noch etwas Gutes abgewinnen. Denn als der Gesandte Allahs von seinen Gefährten , die von heftiger

---

191 Ebd., Vers 16f.
192 Ebd., Vers 18.
193 El-Bukhari: „El-Ehkam", Nr. 7171.

Wesweseh geplagt wurden, nach dieser befragt wurde, sagte er: „Diese ist (ein Anzeichen) des reinen Glaubens!"[194]

Und über die Wesweseh im Gebet, von der ebenfalls viele seiner Gefährten ﷺ betroffen waren, sagte er: „Die Wesweseh im Gebet gehört zur Religion, zu den eindeutigen Zeichen des Iman. Der Gläubige darf sich davon nicht beirren lassen!"[195]

Wenn man nun von der Wesweseh des Scheytan heimgesucht wird, ist es das Beste, sich nicht darauf einzulassen. Man sollte den Scheytan einfach komplett ignorieren und sich stattdessen mit anderen Dingen beschäftigen. Wenn dieser merkt, dass man nicht auf seine schändlichen Einflüsterungen eingeht, wird seine Wesweseh von Mal zu Mal schwächer werden und irgendwann ganz aufhören. Denn der Scheytan hat nicht die stärkste Kondition und sein Durchhaltevermögen lässt zu wünschen übrig. Sobald er merkt, dass er mit seinem Tun bei einem Menschen keinen Erfolg hat, wird er entweder seine Taktik ändern und es mit einer anderen Art der Wesweseh bei ihm versuchen oder sich ganz von diesem Menschen abwenden, wenn ihm dieser keine Angriffsfläche bietet, weil er sich beständig im Gedenken des Erhabenen Allah ﷻ (Dhikr) befindet und hierdurch alle Einfallstore des Scheytan in sein Herz – die aus seinen Begierden und aus seinem Zornesmut bestehen – verschlossen hat.

---

194 Et-Taberani: Mudschemul Kebir: Band 8, S. 411; Nr. 9882.
195 Es-Suyuti: Dschami'ul Kebir; Nr. 25432.

Das Dhikr ist das beste Gegenmittel gegen die teuflische Einflüsterung

„Gedenkt Meiner, dann gedenke Ich euer!"[196]

Die Herzenswelt des Menschen ist einem strengen Dualismus unterworfen: Entweder ist sein Herz dem Erhabenen Allah ﷻ vollkommen zugewandt oder es ist von Ihm vollkommen abgewandt. Im Zustand der Gottvergessenheit beschäftigt sich der Mensch mit den irdischen Begierden und dem Zornesmut seiner Triebseele (Nefs) und der Wesweseh des Scheytan. Diesen Zustand nennt man „Ghafleh". Sobald er sich aber dem Erhabenen Allah ﷻ zuwendet, beschäftigt er sich mit dem Gedenken an den Erhabenen Allah ﷻ . Diesen Zustand nennt man „Dhikr".

Der Gesandte Allahs ﷺ sagte hierzu: „Wahrlich steckt der Scheytan seinen Rüssel in das Herz des Sohnes Adems. Wenn dieser nun des Erhabenen Allah ﷻ im Dhikr gedenkt, dann zieht er sich (sofort) zurück und wenn dieser den Erhabenen Allah ﷻ vergisst, dann steckt er seinen Rüssel wieder in sein Herz (und flüstert ihm erneut ein)!"[197]

Wenn sich der Mensch in der Ghafleh befindet, vergisst er, dem Erhabenen Allah ﷻ für jene Wohltaten zu danken, die Dieser ihm zukommen lässt. Er vergisst den Erhabenen Allah ﷻ zu lobpreisen. Er vergisst, über die Schöpfung nachzudenken und darin Zeichen für die Existenz des Schöpfers zu suchen. Der Erhabene Allah ﷻ warnt uns davor, uns in diesen erbarmungswürdigen Zustand zu begeben, indem Er spricht: **„Und seid nicht wie jene, die Allah vergaßen, da ließ Er sie darum sich selbst vergessen (und sie so vom rechten Weg abkommen)"[198]**

---

196 2. Sura: El-Baqarah, Vers 152.
197 Es-Suyuti: Dschami'ul Ehadith: „Inne muscheddedeti ma'al Hemzeh"; Nr. 6445.
198 59. Sura: El-Haschr, Vers 19.

Wenn sich der Mensch hingegen im Zustand des Dhikrs befindet, ist er voll und ganz dem Erhabenen Allah﷾ zugewandt und folgt seiner Bestimmung, indem er Ihm dankt, Ihn lobpreist und über das Wirken Seiner Schönen Namen und Eigenschaften in der Schöpfung nachdenkt.

Hierbei gibt es unendlich viele Formen des Dhikrs, denn alle erlaubten Taten werden zum Dhikr, sobald man diese für das Wohlgefallen des Erhabenen Allah﷾ ausführt. So gelten nicht nur das Lesen im Edlen Quran, das beständige Wiederholen der Namen Allahs, das Sprechen von Segenswünschen auf den Gesandten Allahsﷺ oder die Beschäftigung mit religiösem Wissen als Dhikr, sondern auch alltägliche Dinge, wie das Abspülen, das Spielen mit den Kindern oder der Verwandtenbesuch, sofern man dies im Bewusstsein der Allgegenwart Allahsﷰund mit der Absicht der Erlangung Seines Wohlgefallen macht.

Und so ist das Dhikr also die beste Medizin, um ein Herz, das von der Wesweseh des verfluchten Scheytan befallen ist, zu heilen. Denn wenn sich im Herzen eines Menschen das Licht des Gottgedenkens befindet, ist dort kein Platz mehr für die Dunkelheit der Gottvergessenheit und der Scheytan verbrennt in diesem Licht. Dann kann der Scheytan nicht mehr jene Gedanken des Menschen als Fahrzeug benutzen, die den Begierden der Triebseele entspringen und nur auf die Erlangung eines schnellen irdischen Genusses ausgerichtet sind. So ist jenes Herz, das ganz von dem Licht des Dhikrs erfüllt ist wie eine Lotusblüte: An ihm perlt die Wesweseh des verfluchten Scheytan ab und es bleibt stets weiß und rein.

Natürlich kann man diesen Zustand des fortwährenden Dhikrs nicht von heute auf morgen erlangen, sondern hierfür bedarf es eines jahrelangen Trainings. Denn wir müssen uns zuerst all jene schädlichen Verhaltensweisen abgewöhnen, die wir uns über viele Jahre hinweg angewöhnt haben und zusätzlich dazu müssen wir unseren Charakter von der uns angeborenen Triebhaftigkeit unserer Triebseele befreien. Aber wenn wir uns ernsthaft um die Erlangung dieses

Zustandes bemühen, dann werden wir - so Allah⬚ will - eines Tages einen Zustand erreichen, in dem wir unserem Schöpfer sehr nahe sein dürfen und dann wird der Erhabene Allah⬚ zu uns am Tage des Gerichts sprechen: **„O du zur Ruhe gekommene Seele! Kehre zurück zu deinem Herrn, (indem du mit Ihm) zufrieden bist (und Dieser mit dir) zufrieden ist. Tritt in die Schar Meiner Diener ein und tritt in Mein Paradies ein!"**[199]

Von der Sündhaftigkeit des Menschen und dem Bereuen der Sünden

Der Mensch ist ein sündhaftes Wesen: Die Anlage zum Guten und zum Schlechten, zu Gehorsam und zu Ungehorsam, zum Engelhaften und zum Tierischen ist schon im Teig des Menschen, in jenem Lehm, aus dem der Vater der Menschheit, Adem ⬚, erschaffen wurde, enthalten gewesen.

Die Sündhaftigkeit des Menschen ist also vom Schöpfer schon bei der Erschaffung des Menschen gewollt gewesen und gehört somit zum Naturell des Menschen.

Der Gesandte ⬚ sagte dazu: *„Bei Dem, in Dessen Gewalt sich meine Seele befindet: Wenn ihr nicht sündigen würdet, würde euch Allah⬚ zugrunde gehen lassen und (an eurer statt) ein sündhaftes Volk erschaffen. Dieses würde dann Allah⬚ um Vergebung bitten und Er würde ihm vergeben."*[200]

Und der Urenkel des Propheten Dscha'fer es-Sadiq ⬚ (702 – 765 n. Chr.) erklärt uns, welch große Gefahren der fortwährende Gehorsam gegenüber dem Erhabenen Allah⬚ in sich birgt und wie viel Nutzen man doch aus dem Ungehorsam gegenüber Diesem ziehen kann:

---

199 89. Sura: El-Fedschr, Verse 27-30.
200 Muslim: Et-Tewbeh, Nr. 4936.

„Jede Art des Ungehorsams (gegenüber dem Erhabenen Allah☼), die zuerst zur Furcht (vor der Bestrafung durch den Erhabenen Allah☼) und letztlich zur Entschuldigung (beim Erhabenen Allah☼) führt, bringen den Diener dem Erhabenen Allah☼ näher. Und jede Art des Gehorsams (gegenüber dem Erhabenen Allah☼), die zuerst zu einem Gefühl der Sicherheit (vor Bestrafung durch den Erhabenen Allah☼) und letztlich zu einem Gefühl des Hochmuts führt, entfernt den Diener vom Erhabenen Allah☼ . Denn Gehorsam gepaart mit Hochmut ergibt Auflehnung. Ungehorsam aber, gepaart mit einer Entschuldigung, ergibt Gehorsam."[201]

Der Allgerechte und Allbarmherzige Allah ☼ erschuf den Menschen aber nicht nur mit der Veranlagung zu Auflehnung, Ungehorsam und Böswilligkeit, sondern Er zeigte ihm auch, wie er sein Herz von den Folgen des Befolgens dieser negativen Eigenschaften wieder reinigen und befreien kann.

Deshalb ließ der Erhabene Allah☼ in Seiner grenzenlosen Weisheit auch den ersten aller Menschen, Adem ☼, einen Fehler[202] begehen, damit dieser seinen Nachkommen vorleben konnte, wie man seine Fehltritte gegenüber den Geboten des Erhabenen Allah☼ bereuen und wiedergutmachen und sich seinem Schöpfer erneut zuwenden kann, nachdem man sich durch seinen Ungehorsam von Ihm entfernt hat: **„Da empfing Adem von seinem Herrn Worte (der Reue) und Er nahm seine Reue an. Wahrlich ist Er der Allverzeihende, der Barmherzige."[203]**

Im Folgenden wollen wir nun etwas näher darauf eingehen, welche Arten von Sünden es gibt und wie man sein Herz von den Spuren dieser Sünden reinigen kann, nachdem man sich von seiner Treibseele und dem verfluchten Scheytan dazu verführen ließ, diese zu begehen.

---

201 El-Attar: Tedhkiratul Ewliya: 1: Dscha'fer es-Sadiq ☼.

202 Diesen Fehler Adems ☼, der im Essen der Früchte des verbotenen Baumes bestand, darf man aber nicht mit der Sündhaftigkeit der normalen Menschen vergleichen, denn die Propheten wurden durch den Erhabenen Allah ☼ vor Sündhaftigkeit geschützt (Ismeh). Die wenigen Fehler, die die Propheten begangen haben, sind außerdem als Lehrbeispiele für die Menschen zu verstehen. Durch sie zeigt ihnen der Erhabene Allah ☼ , wie sie richtig zu handeln haben.

203 2. Sura: El-Baqarah, Vers 37.

Von den Sünden

Als Sünde bezeichnet man alle Handlungen, die den göttlichen Ge- und Verboten entgegenstehen. Es gibt verschiedene Kategorisierungen der Sünden: Manche islamische Gelehrten unterscheiden zwischen den Sünden nach psychologischen Aspekten, manche danach, wessen Rechte durch das sündhafte Verhalten einer Person verletzt werden und wieder andere unterscheiden nach der Schwere der Sünden.

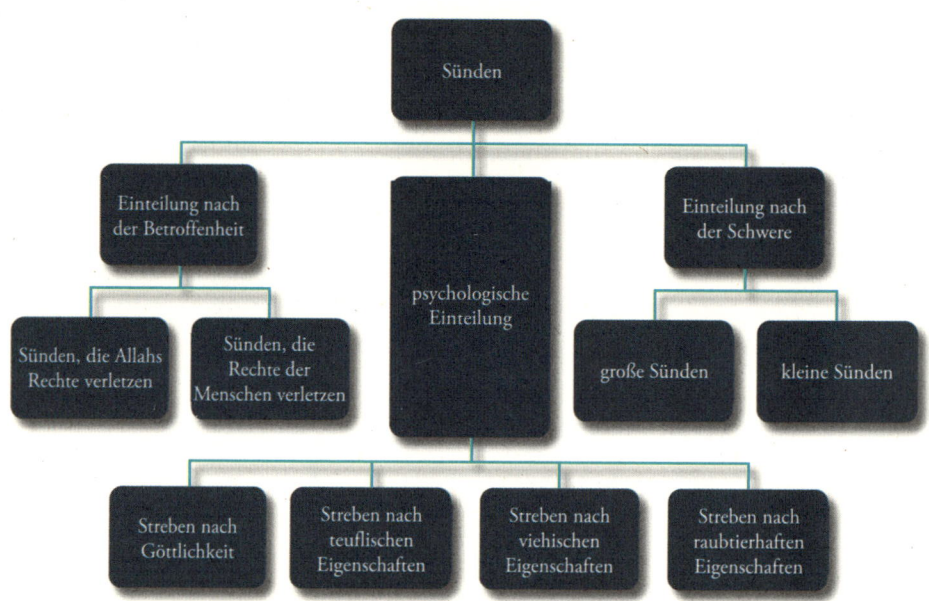

Die verschiedenen Formen von Sünden

Psychologische Unterteilung der Sünden

Imam el-Ghazali ۩ unterteilt die Sünden – nach ihren inneren Ursachen – in vier Gruppen: Sünden, die der Eigenschaft der Herrschsucht im Menschen entspringen, Sünden die der Eigenschaft des Teuflischen im Menschen entspringen, Sünden, die der Eigenschaft des Viehischen im Menschen entspringen und Sünden, die der Eigenschaft des Raubtierhaften im Menschen entspringen.[204]

Sünden, die dem menschlichen Streben nach Eigenschaften entspringen, die allein dem Erhabenen Allah۩ zustehen

Der Erhabene Allah۩ hat 99 Schöne Namen, die gleichzeitig auch Eigenschaften von Ihm sind. Bei den meisten dieser Eigenschaften erwartet Er von uns, dass auch wir nach diesen Eigenschaften streben und uns in ihr Gewand kleiden, so beispielsweise die Barmherzigkeit, Milde und Verzeihung.

Andere dieser Eigenschaften stehen hingegen exklusiv dem Erhabenen Allah۩ zu und wir sollen nicht nach diesen Streben und nicht versuchen, uns in ihr Gewand zu kleiden. So beispielsweise der Stolz, die Herrschaft, die Majestät und die Macht. Und wenn wir nun trotzdem versuchen, uns einen Anteil an solchen Eigenschaften zu sichern, dann verwandeln sich diese Eigenschaften – die beim Erhabenen Allah۩ doch so schön sind - an uns selbst zu äußerst hässlichen und getadelten Eigenschaften. Dies deshalb, weil nur der Erhabene Allah۩ dazu in der Lage ist, diese Eigenschaften in Würde zu tragen, wir aber nicht.

---

204 El-Ghazali: „Ihya'u Ulumu Din", Band IV: „Kitabu Tewbeh", S. 24f.

Natürlich muss es auch in dieser Welt Menschen geben, die über die anderen herrschen, ihnen Befehle erteilen und die Macht ausüben, denn sonst würde ja Anarchie herrschen und ein menschenwürdiges Zusammenleben nicht möglich sein. Der Erhabene Allahﷻ wählt aber die geeigneten Menschen für solche Tätigkeiten aus und setzt sie in ihre Ämter ein. Und so erkennt man die Geeigneten meistens daran, dass sie selbst gar nicht nach einem Amt streben und wenn es ihnen dann trotzdem gegeben wird, große Ehrfurcht vor diesem Amt haben und in stetiger Angst leben, etwas falsch zu machen und ihr Amt zu missbrauchen.

Wenn aber ungeeignete Menschen nach Herrschaft und Macht streben und diese dann schließlich auch erlangen, passen sie nicht in das Gewand dieser göttlichen Eigenschaften und sie verfallen in Herrschsucht, Tyrannei und Ungerechtigkeit und missbrauchen also ihre Macht.

Ebenso verhält es sich mit ähnlichen göttlichen Eigenschaften: Wenn Menschen nach Reichtum streben, denen das Gewand des Reichtums nicht passt, und dann Reichtum erlangen, vergessen sie, woher ihr Reichtum stammt und sie vergessen den Erhabenen Allahﷻ , wähnen sich unabhängig und unbedürftig und werden gierig, geizig und rücksichtslos.

Oder nehmen wir die Eigenschaft des Stolzes: Der Erhabene Allahﷻ hat allen Grund darauf, stolz zu sein, denn schließlich ist Er der Vollkommene, an Dem es keinen Makel gibt, der Heilige, an Dem es nichts Unreines gibt. Wenn aber der Mensch stolz wird, dann wandelt sich bei ihm die Eigenschaft des Stolzes schnell in Hochmut und Überheblichkeit und dies kann soweit gehen, dass er meint, er selbst sei ein Auserwählter unter den Menschen, dem es zustünde, besser zu sein als alle anderen und dem es gebührt, dass sich ihm alle anderen Menschen unterwerfen und ihn wie einen Gott anbeten.

Seht nur das schlechte Beispiel des Pharao, der sich solange in das Gewand des Stolzes kleidete, bis er schließlich sprach: **„Ich bin euer höchster Herr!"**[205]

All dies passiert, weil die Triebseele des Menschen den Hang dazu besitzt, soviel Macht als nur möglich an sich zu reißen und so viele Menschen wie nur möglich zu dominieren und zu beherrschen. Und dies findet nicht nur auf Staatsebene statt, sondern auf allen Ebenen des menschlichen Miteinanders: In Familie, Schule, Beruf, ja bereits im Kindergarten...

Und wenn der Mensch dieser inneren Neigung der Macht-, Herrschafts- und Reichtumsmaximierung folgt, vergisst er schnell, dass alle Macht und Herrschaft allein Allahs sind, dass aller Ruhm und alles Lob allein Ihm gebühren und dass aller Wohlstand, den er in dieser Welt besitzt, nur eine Leihgabe des einzig Reichen und alleinigen Wohltäters ist, und wird so selbst zum Pharao.

Und wer vergisst, dass er selbst der Ohnmächtige ist, der vollkommen vom Allmächtigen abhängig ist, wer vergisst, dass ihm sein Leben, sein Körper, seine Familie, seine Kinder, sein Reichtum, sein Wissen, seine Intelligenz, seine Fähigkeiten, sein Glaube und all die anderen Vorzüge, die er in diesem Leben genießt, nur vom Erhabenen Allah geliehen wurden und ihm von Diesem jederzeit wieder genommen werden können, der ist wahrlich ein Undankbarer. Und dies ist die eigentliche Bedeutung des Begriffs „Kafir", den man gerne mit „Ungläubiger" übersetzt, weil ein Kafir einer ist, der nicht daran glaubt, dass all seine Vorzüge vom Erhabenen Allah herstammen und sich diese statt-dessen selbst zuschreibt und damit dem Erhabenen Allah jenen Dank und jene Anerkennung verweigert, die Ihm gebühren.

Und dieser falschen Wahrnehmung der Realität entspringt dann ein Mangel an Demut, der sich in den Sünden des Hochmuts, der

---

205 79. Sura: En-Nazi'at, Vers 24.

Herrschsucht, der Selbstsucht, der Ruhmsucht, der Rücksichtslosigkeit und ähnlichen Sünden mehr äußert. Solch ein Mensch wähnt sich unabhängig von der Gnade des Erhabenen Allah﷾ und schreibt sich seinen Reichtum, seine Macht, seinen Ruhm selbst zu und meint, dies alles käme von ihm selbst und er hätte dies alles verdient, weil er einen Vorzug vor den anderen Menschen genießt.

Damit kleidet man sich in das Gewand jener Eigenschaften, die nur dem Erhabenen Allah﷾ zustehen, was nichts anderes bedeutet, als zu versuchen, sich selbst auf die Stufe der Göttlichkeit zu erheben und dem Erhabenen Allah﷾ ebenbürtig zu sein. Und dies ist die schlimmste Art der Sünde überhaupt...

Sünden, die den teuflischen Eigenschaften des Menschen entspringen

Getadelte Eigenschaften wie Heuchelei, Hinterlist, Linkisch-Sein, Lug, Betrug und Neid sind Eigenschaften, die als teuflische Eigenschaften im Menschen bezeichnet werden, weil sie dem Verhalten des Teufels entsprechen. Denn der Teufel versucht den Menschen mithilfe dieser Eigenschaften in die Irre zu leiten und heuchelt ihm beispielsweise vor, dass ihm nichts passieren könne, wenn er verbotene oder getadelte Dinge tut, weil er danach ja jederzeit die Tewbeh (Reue) beim Erhabenen Allah﷾ vollziehen und hierdurch seine Sünden wieder ungeschehen machen könne.

Und wenn wir uns dann gegenüber unseren Mitmenschen heuchlerisch, linkisch, betrügerisch und verlogen benehmen, weil wir vor ihnen unsere wahren Absichten zu verbergen suchen, um hierdurch für uns einen Vorteil herauszuschlagen, dann benehmen wir uns genauso heuchlerisch, linkisch, betrügerisch und verlogen wie der Teufel.

Der Teufel war neidisch gegenüber Adem ﷺ, weil er ihm nicht gönnte, dass ihn der Erhabene Allah ﷻ zu Seinem Statthalter auf Erden ernannte. Er meinte, dass ihm diese Stellung doch viel eher zustünde, als einem Menschen und sprach zum Erhabenen Allah ﷻ : **„Ich bin besser als er. Du erschufest mich aus Feuer, ihn aber aus Erde!"**[206]

Er meinte, Feuer sei besser als Erde. Dies machte ihn hochmütig und verleitete ihn dazu, sich gegen den Ratschluss des Erhabenen Allah ﷻ zu stellen. Er wollte sich nicht mit jenem zufriedengeben, was ihm der Erhabene Allah ﷻ zugeteilt hatte, sondern forderte einen Vorrang für sich vor dem Menschen.

Wenn wir nun unseren Mitmenschen jene Dinge missgönnen, die ihnen der Erhabene Allah ﷻ aus Seiner Gunst heraus gewährt, verhalten wir uns ebenso wie der Teufel: Weil wir meinen, dass uns diese Dinge viel eher zustehen, zweifeln wir an der Gerechtigkeit des Erhabenen Allah ﷻ und stellen uns gegen Seinen Willen. Wir verhalten uns genauso hochmütig wie der Scheytan und lassen uns von unserem Hochmut genauso zu Missgunst und Neid anstiften wie dieser.

Der Neid ist eine der gefährlichsten Charakterschwächen des Menschen, weil er ihn nicht nur dazu verleitet, sich gegen den göttlichen Ratschluss zu stellen und zu meinen, dass er besser weiß, als der Erhabene Allah ﷻ , was welcher Mensch verdient habe und was nicht, sondern auch dazu, dass er alle möglichen Sünden begeht, um dieses vermeintliche Unrecht rückgängig zu machen: Er macht den Beneideten bei anderen schlecht, spioniert ihm hinterher, um seine Fehler aufzudecken und versucht mithilfe aller möglichen teuflischen Tricks und Spielchen dem Beneideten allen nur erdenklichen Schaden zuzufügen...

---

206 7. Sura: El-A'raf, Vers 12.

Sünden, die den viehischen Eigenschaften des Menschen entspringen

Viehische Eigenschaften sind Eigenschaften, die typisch für das instinktgesteuerte Vieh sind, aber auch die Menschen in sich tragen. Als Beispiele hierfür seien die Begierde nach den irdischen Dingen und die Bequemlichkeit genannt.

Dieser Begierde nach den materiellen Dingen entspringt die Genusssucht des Menschen, die sich in seiner Liebe zu gutem Essen, schöner Kleidung und Geschlechtsverkehr äußert. Und diese viehische Genusssucht macht den Menschen zügellos und lässt ihn hierbei alle Grenzen des Erlaubten überschreiten. So überschreitet er die Grenzen des Erlaubten in Bezug auf den Geschlechtsverkehr, indem er außerehelichen Verkehr begeht. Und er überschreitet die Grenzen des Erlaubten in Bezug auf das Essen und Trinken, indem er gefräßig ist oder alkoholische Getränke zu sich nimmt. Und er überschreitet die Grenzen des Erlaubten in Bezug auf schöne Kleidung, indem er seinen Kleiderschrank bis zum Rand mit teurer Kleidung füllt, dem Luxus verfällt, gefallsüchtig wird und sich gegenüber seinen Mitmenschen eitel und hochmütig benimmt.

Das Befolgen seiner viehischen Neigungen verleitet den Menschen dazu, nach Reichtum zu streben, um hierdurch seine Genusssucht und seinen luxuriösen Lebensstil finanzieren zu können. Und wenn es ihm nicht gelingt, genug Reichtum hierfür anzuhäufen, bestiehlt und betrügt er seine Mitmenschen, nimmt verbotene Zinsen für das Verleihen von Geld, verzehrt den Besitz der Waisen und verweigert die Bezahlung der Armensteuer (Zekah).

Sünden, die den raubtierhaften Eigenschaften des Menschen entspringen

Raubtierhafte Eigenschaften sind Eigenschaften, die typisch für die aggressiven Raubtiere sind, aber auch die Menschen in sich tragen. Als Beispiele hierfür seien der Zorn und die Angriffslust genannt.

Der Mensch folgt dem Raubtier in sich, wenn er seinen Zorn nicht zügelt, sondern ungehemmt an seinen Mitmenschen auslebt. Dabei hat ihm der Erhabene Allahﷻ doch seinen Zornesmut nur deshalb gegeben, damit er sich vor echten - und nicht nur eingebildeten - Feinden zur Wehr setzen kann, wenn er von diesen angegriffen wird. Außerdem gibt ihm sein Zornesmut den nötigen Biss, damit er den göttlichen Pfad beschreiten und für den Lebensunterhalt seiner Familie sorgen kann und nicht gleich beim geringsten Widerstand aufgibt und die Flinte ins Korn wirft.

Wer seinen Zorn nicht zügeln kann und bei jeder Gelegenheiten an die Decke geht, versündigt sich schnell an seinen Mitmenschen, indem er sie beschimpft, bedroht, auf sie einschlägt oder im schlimmsten Fall gar tötet.

Und wenn man seinen ungezügelten Zorn nicht an anderen auslassen kann, weil diese stärker als man selbst sind, entwickeln sich hieraus Hass und Rachsucht. Da beschäftigt sich das Herz dann nur noch mit seinem Hass und wie man seine Rachsucht am besten befriedigen kann. Hiervon verdunkelt sich das Herz erst und stirbt schließlich ab und ist dann nicht mehr dazu fähig, des Erhabenen Allahﷻ zu gedenken und sich Ihm in Liebe zuzuwenden.

Kurze Zusammenfassung:

Die viehischen Eigenschaften sind die ersten Eigenschaften, die sich im menschlichen Charakter manifestieren und ihn schon seit dem Säuglingsalter begleiten. Später gesellen sich dann die raubtierhaften Eigenschaften hinzu. Wenn sich diese beiden Eigenschaften vereinen und gegenseitig ergänzen, verliert der Mensch immer mehr seine Hemmungen und in ihm stellen sich teuflische Eigenschaften wie Hinterlist, Verlogenheit und Betrug ein, um seine Begehrlichkeit und seinen Zorn befriedigen zu können. Wenn der Mensch seinen teuflischen Eigenschaften folgt und diese an seinen Mitmenschen auslebt, geht er schließlich irgendwann dazu über, sich in das Gewand jener Eigenschaften zu kleiden, die nur dem Erhabenen Allah﷾ zustehen und er wird herrschsüchtig, versucht seine Mitmenschen zu dominieren und Untertan zu machen. Hiervor suchen wir unsere Zuflucht beim Erhabenen Allah﷾, denn dies führt unweigerlich ins Verderben.

Neben diesen genannten vier getadelten Eigenschaften tragen die Menschen aber noch eine weitere Eigenschaft in sich: Das Engelhafte.

Jeder Mensch ist mithilfe der spirituellen Erziehung seiner Triebseele dazu in der Lage, seine herrschsüchtigen, teuflischen, viehischen und raubtierhaften Eigenschaften zu überwinden und seinen eigenen Anspruch auf Göttlichkeit aufzugeben. Natürlich erfordert dies viel Disziplin und Beharrlichkeit. Wenn wir aber lange genug an uns arbeiten, werden nach und nach die engelhaften Eigenschaften in uns zum Vorschein kommen und wir werden zu Menschen, die im Lichte des Glaubens erstrahlen, sich nicht mehr gegen den Willen des Erhabenen Allah﷾ auflehnen und ihren Mitmenschen ein angenehmer Zeitgenosse sind.

Und wenn es dem Mensch gelingt, seine engelhaften Eigenschaften zum Vorschein zu bringen und zu kultivieren, steigt er beim Erhabenen Allah﷾ nicht nur auf den Rang der Engel empor, sondern überflügelt diese sogar. Denn die Engel haben ja keinen freien Willen, der sie zu Sündhaftigkeit und dem Anspruch auf eigene Göttlichkeit verleiten könnte. Sie haben weder teuflische noch viehische noch raubtierhafte Eigenschaften, die sie unter den Rang der Tiere hinabfallen lassen könnten, wenn sie diesen folgen. Sie haben ihre engelhaften Eigenschaften von Natur aus und haben diese nicht durch eigene Anstrengung erworben. Deshalb besitzen ihre engelhaften Eigenschaften beim Erhabenen Allahﷻ nicht denselben Wert wie die engelhaften Eigenschaften des Menschen, die sich dieser durch jahrelange Kämpfe mit seiner Triebseele angeeignet hat...

Wenn wir jedoch unserer ungezügelten Triebseele keinen Einhalt gebieten, dann benehmen wir uns nicht anders als Tiere und fallen noch unter die Stufe der Tiere hinab, weil wir - im Gegensatz zu diesen - einen freien Willen haben, mit dessen Hilfe wir das Tier in uns überwinden könnten.

Sünden, die die Rechte des Erhabenen Allahﷻ berühren

Sünden, die die Rechte des Erhabenen Allahﷻ verletzen, beziehen sich zuvorderst auf jene Dinge, die uns der Erhabene Allahﷻ zur Pflicht gemacht hat. Wer seine Pflicht gegenüber dem Erhabenen Allahﷻ verletzt, verletzt Dessen Rechte...

Zuallererst sei hier die Verletzung der Pflichten der fünf Säulen des Islam genannt, also die Vernachlässigung des fünfmal täglichen Pflichtgebets und des Fastens im Monat Ramadan und das Unterlassen des Antritts der Pilgerfahrt und der Entrichtung der Armensteuer (Zekah), wenn man über die entsprechenden Möglichkeiten verfügt.

Des Weiteren betreffen jene Rechte, die der Erhabene Allahﷻ an uns hat, auch die Einhaltung der Regeln des „Halal und Haram".

Und deshalb gehört es - neben dem Erlernen der fundamentalen Glaubensgrundsätze des Islam und der Vorschriften des Gebets - zu den vordringlichsten Pflichten des neuen Muslims, sich mit diesem Thema zu beschäftigen und zu erlernen, auf welche Ge- und Verbote er in seinem täglichen Handeln zu achten hat.[207]

Und zu guter Letzt ist es ebenfalls eine Versündigung von uns am Erhabenen Allahﷻ, wenn wir Ihm Eigenschaften zusprechen, die Er nicht besitzt oder Eigenschaften absprechen, die Er besitzt. So beispielsweise, wenn wir Ihm körperliche Merkmale, einen Ort, eine Richtung oder eine Ähnlichkeit mit den erschaffenen Dingen zusprechen.

Die Pflichten des Dieners gegenüber dem Erhabenen Allah ﷻ

Die Verletzung der Rechte des Erhabenen Allahﷻ erfordert die Tewbeh von uns, also die aufrichtige Abwendung von all unseren Sünden und den festen Vorsatz, diese Sünden nie wieder zu begehen. Tun wir dies, dann werden unsere Sünden aus dem Buch unserer Taten gelöscht und es ist so, als hätten wir diese niemals begangen.[208]

---

207 Hierbei muss der Muslim nur jene Regeln des Halal und Haram kennen, die ihn unmittelbar betreffen; Dinge, die ihn in seinem Alltag nicht berühren, muss er hingegen nicht wissen… Vgl. hierzu das Kapitel zu den individuellen Pflichten des Muslims in diesem Büchlein.
208 Das Thema „Tewbeh" wird am Ende dieses Abschnitts behandelt.

Sünden, die die Rechte unserer Mitgeschöpfe verletzen

Sünden, die die Rechte unserer Mitgeschöpfe betreffen, sind alle Formen des materiellen oder immateriellen Schadens, die wir diesen zufügen. Auf unsere Mitmenschen bezogen, bedeutet dies, dass wir uns dafür am Tage des Gerichts vor dem Erhabenen Allah für Dinge wie die Nicht-Entrichtung der Armensteuer, Diebstahl, Raub, Betrug, Mord, Totschlag, Gewalt, Beleidigung, Ehrverletzung, Nachrede, Verleumdung oder das Ablegen eines Meineids zu verantworten haben und Er dann einen gerechten Ausgleich zwischen uns und dem Geschädigten herbeiführt.

Sünden, die die Rechte anderer Personen verletzen, sind für uns weitaus problematischer als Sünden die „nur" die Rechte des Erhabenen Allah betreffen. Denn jene Sünden, die wir am Erhabenen Allah begehen, sind mit dem Ablegen der Tewbeh bereinigt, Sünden aber, die wir an unseren Mitmenschen begehen, müssen wiedergutgemacht werden. Und dies bedeutet, dass wir sie nicht nur um Verzeihung zu bitten haben, sondern auch jenen Schaden kompensieren müssen, den sie wegen uns erlitten haben.

Ein kleines Beispiel hierzu: Wenn wir einen unserer Mitmenschen bestohlen haben und anschließend dieses Unrecht wiedergutmachen wollen, müssen wir nicht nur zu diesem hingehen und ihn hierfür um Verzeihung bitten, sondern darüber hinaus auch den gestohlenen Gegenstand wieder zurückgeben. Und wenn sich das Diebesgut nicht mehr in unserem Besitz befindet oder kaputtgegangen ist, müssen wir den Bestohlenen dann auf andere Weise angemessen entschädigen.

Tun wir dies nicht, stehen wir bis zum Tage des Gerichts in der Schuld des Geschädigten. An diesem Tag wird diesen dann der Erhabene Allah fragen, ob er nun sein unerfülltes Recht an uns geltend machen möchte. Und wenn er dies bejaht, wird der Erhabene Allah⚘ einen Ausgleich zwischen ihm und uns herbeiführen.

Und da wir an diesem Tag nichts anderes besitzen werden, außer nur den Lohn unserer guten Taten allein, wird dann der Erhabene Allah⚘ dem Geschädigten solange von unseren guten Taten geben, bis ein vollkommen gerechter Ausgleich zwischen und ihm stattgefunden hat.

Wenn unsere guten Taten hierfür aber nicht ausreichen, nimmt der Erhabene Allah⚘ solange von den schlechten Taten des Geschädigten und überträgt diese auf unser Sündenkonto, bis unsere schlechte Tat an diesem vollkommen abgegolten ist.

Wir sehen also, welch ernste Angelegenheit dies ist. Der Gesandte Allahs⚘ sagte hierzu: *„Wer ein Unrecht an der Würde oder dem Besitz eines Menschen begangen hat, der bitte ihn noch heute darum, dass er auf sein Recht an ihm verzichten möge, bevor (ein Tag kommt, an dem) es keinen Dinar und keinen Dirham mehr gibt, (um damit den verursachten Schaden wiedergutzumachen). Sonst wird (an diesem Tage) von seinen guten Taten im Umfang des verursachten Unrechts genommen werden. Besitzt er keinen Lohn für gute Taten, dann wird von den schlechten Taten des Geschädigten genommen und auf ihn übertragen werden.“*[209]

Von dem großen Gelehrten der Nachfolgegeneration El-Hasan el-Basri ⚘ wird hierzu berichtet, dass eines Tages ein Mann zu ihm kam und zu ihm sagte: „Jemand hat schlecht über dich gesprochen!" Da schickte er dieser Person ein Tablett mit frischen Datteln und ließ ihr ausrichten: „Ich habe gehört, dass du mir welche von deinen guten Taten geschenkt hast. Da wollte ich einen Ausgleich schaffen. Du musst entschuldigen, dass ich nicht dazu in der Lage bin, es dir vollständig zu entgelten!"[210]

---

209 El-Bukhari: El-Madhalim, Nr. 2317.
210 El-Ghazali: „Ihya'u Ulumu Din", Band III: „Kitabul Afatul Lisan", S. 193.

Wer anderen das Unrecht verzeiht, das ihm dieser angetan hat, wird dafür großen göttlichen Lohn erhalten. Der Verzeihende, der Vergebende, der Barmherzige, der Sanftmütige, der die Reue Annehmende; dies alles sind Namen und Eigenschaften des Erhabenen Allah﷾ . Und wer sich an den göttlichen Namen orientiert und nach diesen handelt, darf auch damit rechnen, dass ihn der Erhabene Allah﷾ am Tage des Gerichts mit diesen Eigenschaften behandelt.

Noch einmal El-Hasan el-Basri ﷺ hierzu: „Wenn die Angehörigen der verschiedenen Glaubensgemeinschaften am Tage des Gerichts vor dem Erhabenen Allah auf den Knien liegen werden, wird ein Rufer rufen: „Jeder soll aufstehen, der noch Lohn von Allah zu kriegen hat!" Und da wird niemand aufstehen, außer nur jene, die den Menschen (ein Unrecht, das an ihnen begangen wurde), vergeben haben."[211]

---

211 Ebd., Band III: „Kitabul Afatul Lisan", S. 193.

Große- und kleine Sünden

Eine weitere Unterscheidung, die die Gelehrten in Bezug auf die Sünden der Menschen vornehmen, ist die Unterscheidung zwischen großen und kleinen Sünden.

Große Sünden

Im Edlen Quran heißt es über die großen Sünden: **„Wenn ihr euch von den großen Sünden fernhaltet, die euch untersagt sind, tilgen Wir euch (dereinst) eure (weniger schwerwiegenden Taten) und lassen euch in Ehren (ins Paradies) einkehren!"**[212]

Welche Sünden genau große- und welche kleine Sünden sind, ist unter den Gelehrten umstritten. Einig sind sie sich jedoch darin, dass all jene Sünden als große Sünden gelten, die in den prophetischen Überlieferungen als solche benannt werden. Imam el-Ghazali ﷺ zitiert hierzu folgende Aussage von Ebu Talib el-Mekki ﷺ:

„Alle Sünden, die in den Überlieferungen als solche benannt werden, sind große Sünden. Dies sind insgesamt 17 Stück:

Vier davon sind große Sünden des Herzens: Allah ﷻ Teilhaber zur Seite zu stellen (Schirk), dauerhafte Auflehnung gegen die Gebote Allahs, nicht auf die Barmherzigkeit Allahs zu hoffen und sich vor der Bestrafung durch den Erhabenen Allah ﷻ sicher zu fühlen.

Vier davon sind große Sünden der Zunge: Falschaussage, Verleumdung einer ehrbaren Frau, das Ablegen eines Meineids und Zauberei.

Drei davon sind große Sünden des Bauches: Weintrinken, das Aufzehren des Besitzes der Waisen auf unerlaubte Weise und das Zinsnehmen.

---

212 4. Sura: En-Nisa, Vers 31.

Zwei davon sind große Sünden der Geschlechtsorgane: Unzucht und Homosexualität.

Zwei davon sind große Sünden der Hände: Mord und Diebstahl.

Eine davon ist die große Sünde der Füße: Das Weglaufen im Krieg, wenn man dazu verpflichtet ist, seinen Kriegsdienst abzuleisten.

Eine davon ist die große Sünde des gesamten Körpers: Der Ungehorsam gegenüber den Eltern."[213]

Dies waren jene 17 großen Sünden, die in den Überlieferungen als solche benannt werden. Es gibt aber auch etliche Gelehrte, die von weitaus mehr großen Sünden ausgehen als diesen. So zum Beispiel Imam Edh-Dhehebi 🕮, der in seinem berühmten Werk „Kitabul Keba'ir" (das Buch der großen Sünden) 70 große Sünden aufzählt.

Und der große Gelehrte Ibn Hadscher el-Mekki el-Heythemi 🕮 spricht in seinem Werk „Ez-Zewadschir an Iqtirafil Keba'ir" (Abhaltung vom Begehen großer Sünden) gar von 467 großen Sünden.

Manche Gelehrte sehen es als problematisch an, überhaupt zwischen großen und kleinen Sünden zu unterscheiden. Denn der Begriff „kleine Sünden" lässt manche Menschen vermuten, dass es keine große Sache sei, kleine Sünden zu begehen und deshalb nehmen sie die kleinen Sünden nicht so ernst, wie man dies tun sollte. Und vielleicht werden ja gerade jene Dinge, die man selbst als gering ansieht, beim Erhabenen Allah🕮 als groß angesehen...

Wie dem auch sei: Alle großen Sünden müssen aufrichtig bereut werden und können nicht durch die Verrichtung guter Taten ungeschehen gemacht werden. Bereut er sie nicht, läuft der Sünder Gefahr, im Jenseits durch das Höllenfeuer von den großen Sünden geläutert werden zu müssen.[214] Denn wenn große Sünden nicht bereut werden,

---

213 El-Ghazali: Ebd., Band IV: „Kitabu Tewbeh", S. 25ff.

214 Diese Läuterung des Sünders im Höllenfeuer ist aber zeitlich begrenzt und sobald er von dem Schmutz seiner Sünden gereinigt wurde, darf er ins Paradies einkehren, sofern sich zumindest ein Staubkörnchen

steht es dem Erhabenen Allah in seiner unergründlichen Weisheit frei, ob Er Seinen Diener hierfür aufgrund Seiner Gerechtigkeit bestraft oder ihm aufgrund Seiner Barmherzigkeit vergibt...

Kleine Sünden

Jedes Zuwiderhandeln gegen die Ge- und Verbote Allahs, das nicht als große Sünde gilt, ist eine kleine Sünde.

Kleine Sünden werden abgebüßt, indem man beispielsweise seine Pflichtgebete zur vorgeschriebenen Zeit verrichtet, zum Freitagsgebet geht[215] und im Monat Ramadan fastet[216]. Begeht man aber dieselben kleinen Sünden immer und immer wieder, dann werden diese irgendwann - wegen des Beharrens auf ihnen - zu großen Sünden. Und auch wenn man kleine Sünden geringachtet und auf die leichte Schulter nimmt, werden diese zu großen Sünden, denn auch wenn kleine Sünden als „klein" bezeichnet werden, sind sie doch genauso Sünden, wie die großen Sünden auch und man hat sich strikt von ihnen fernzuhalten.

Und wenn man sich mit erlaubten Dingen so intensiv die Zeit vertreibt, dass man darüber den Erhabenen Allah vergisst, werden diese ebenfalls zu kleinen Sünden, obwohl sie an sich erlaubt sind. Ein kleines Beispiel hierzu: Am Computer zu spielen ist an und für sich erlaubt. Wenn man aber so exzessiv dieser Leidenschaft frönt, dass man darüber seine religiösen Pflichten vernachlässigt, verhält man sich sündhaft.

---

an Glauben in seinem Herz befindet.

215 Muslim: Et-Taharah, Nr. 342.

216 Ahmed: Musned Ebi Hurayrah , Nr. 7089.

Von der Reue

„Wendet euch alle reumütig Allah zu, ihr Gläubigen, auf dass es euch wohlergehen möge."[217]

Drei Voraussetzungen müssen erfüllt sein, damit der Erhabene Allah die Reue Seines Dieners annimmt:

Wissen

Der Gottesdiener muss um jenen Schaden, den sein sündhaftes Verhalten bewirkt hat, wissen. Außerdem muss er erkennen, dass dieses schadhafte Verhalten eine Sünde ist und es nicht erlaubt ist, Sünden zu begehen.

Deshalb ist es die Pflicht eines jeden Gläubigen, über das Wesen und die verschiedenen Arten der Sündhaftigkeit Bescheid zu wissen.

Zustand

Durch die Erkenntnis der Sünde fühlt der Gottesdiener einen Schmerz (ein Brennen) im Herz. Dies ist das Feuer der Reue, das jene Spuren verbrennt, die die Sünde im Herz des Menschen zurückgelassen hat.

Handeln

Der Diener nimmt sich ernsthaft vor, diese Sünde in Zukunft zu unterlassen.

---

217 24. Sura: En-Nur, Vers 31.

Außerdem muss die Reue allgemein sein und dies bedeutet, dass es nicht ausreicht, nur jene Sünden zu bereuen, derer man sich bewusst geworden ist, sondern überhaupt alle Sünden, die man in seinem Leben begangen hat.

Und so hat die Tewbeh einen Vergangenheitsbezug, einen Gegenwartsbezug und einen Zukunftsbezug: Man bereut in der Gegenwart aufrichtig alle Sünden, die man in der Vergangenheit begangen hat und nimmt sich vor, diese in Zukunft nicht mehr wieder zu begehen.

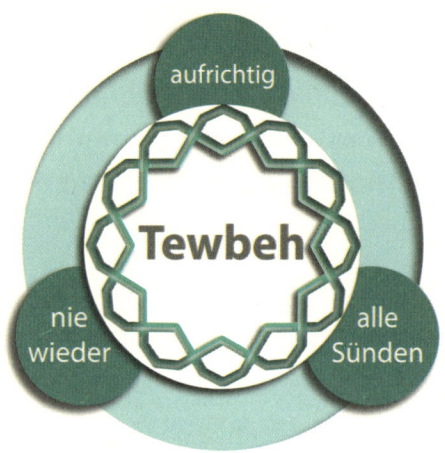

Voraussetzungen für die Akzeptanz der Tewbeh beim Erhabenen Allah ﷻ

Im Übrigen sollten große Sünden unmittelbar, nachdem man diese begangen hat, bereut werden, denn sonst zieht dies eine weitere Sünde nach sich: Die Sünde der Verzögerung der Reue. Auch kleine Sünden sollten sofort bereut werden, denn auch diese hinterlassen ihre Spuren im Herz des Sünders. Und diese Verunreinigung des Herzens sorgt dann dafür, dass der „Funkkontakt" mit dem Erhabenen Allah ﷻ gestört wird und man Dessen segensreichen Eingebungen nicht mehr richtig von den schädlichen Einflüsterungen des Scheytan unterscheiden kann.

Der Erhabene Allah﷾ hat Sich Selbst den Namen „Et-Tewwab" (Der die Reue Annehmende) gegeben. Im Edlen Quran heißt es hierzu: **„Und bitte Ihn um Verzeihung, denn wahrlich ist Er der Tewwab!"**[218]

Der Erhabene Allah﷾ wartet nur darauf, dass sich Ihm Seine Diener reumütig in der Tewbeh zuwenden und liebt es, ihnen ihre Sünden zu vergeben. Der Gesandte Allahs ﷺ sagte über diese Freude des Erhabenen Allah﷾ über die Tewbeh Seines Dieners: *„Wahrlich freut Sich Allah﷾ mehr über die Tewbeh Seines Dieners, als sich einer von euch darüber freut, sein Kamel wiederzufinden, nachdem er es in der Wüste verloren hat!"*[219]

Hierbei ist es der Erhabene Allah﷾ Selbst, der Seinem Diener die Reue leichtmacht, indem Er ihm das Bedürfnis nach Reue ins Herz legt. Im Edlen Quran heißt es dazu: **„Da kehrte Er Sich Ihnen (voller) Erbarmen zu, damit sie sich Ihm ihrerseits zukehren und Buße tun!"**[220]

Und dies bedeutet, dass der Erhabene Allah﷾ Seinem Diener bereits vergeben hat, bevor dieser die Tewbeh überhaupt vollzieht. Und hätte der Erhabene Allah﷾ Seinem Diener nicht bereits verziehen, könnte er die Tewbeh überhaupt nicht ausführen.

Als man die große Liebesmystikerin Rabi'ah el-Adewiyyeh ﷺ einmal die Frage stellte: „Wenn der Diener ein Sünder ist, wird dann seine Tewbeh akzeptiert, wenn er bereut oder nicht?", antwortete sie darauf: „Wie sollte denn ein sündhafter Diener (von sich aus) bereuen können? Er kann nur bereuen, nachdem ihm der Erhabene Allah﷾ bereits verziehen hat. Erst wenn ihm der Erhabene Allah﷾ bereits verziehen hat, ist ihm die Tewbeh möglich!"[221]

Und wenn uns der Erhabene Allah﷾ hierbei schon so weit entgegenkommt, sollten wir diese Chance nicht ungenutzt verstreichen lassen,

---

218 110. Sura: En-Nasr, Vers 3.
219 El-Bukhari: Sahih: Et-Tewbeh, Nr. 6309.
220 9. Sura: Et-Tewbeh, Vers 118.
221 El-Attar: Tedhkiratul Ewliya: 9: Rabi'ah el-Adewiyyeh.

sondern sofort zugreifen, wenn uns die Tewbeh ins Herz kommt und diese noch an Ort und Stelle vollziehen und uns hierbei fest vornehmen, unsere Sünden nicht ein weiteres Mal zu begehen.

Hierbei kann die Tewbeh jederzeit, in jedem Zustand und an jedem Ort vollzogen werden, denn da die Tewbeh eine Sache ist, die exklusiv zwischen dem Erhabenen Allah﷾ und Seinem Diener stattfindet, ist sie nicht an einen bestimmten Ort gebunden und benötigt keinen Vermittler zwischen dem Diener und dem Erhabenen Allah﷾.

Die Gelehrten empfehlen hierzu, die Tewbeh mithilfe folgender Formel auszuführen:

„O mein Herr! Ich habe bereits alle Sünden bereut, die ich in meinem Leben begangen habe und werde diese Sünden in Zukunft nicht mehr wieder begehen. In scha Allah werde ich diese Sünden in Zukunft nicht mehr wieder begehen!"

Und wenn unsere Tewbeh dann wirklich aufrichtig ist, wird uns der Erhabene Allah﷾ nicht nur all unsere Sünden vergeben, sondern auch unseren Glauben stärken und uns die Kraft dafür geben, uns in Zukunft solange von immer mehr Sünden fernzuhalten, bis wir dazu in der Lage sind, unser Herz dauerhaft reinzuhalten.

Die Weisen der Religion sagen hierzu, dass den Diener sein religiöses Wissen dafür tadelt, wenn er eine Sünde begeht. Anschließend vollzieht er die Tewbeh, um diese wieder ungeschehen zu machen. Doch manchmal ist seine Tewbeh (wegen seiner mangelnden Aufrichtigkeit) nicht gültig und dann kehrt er wieder zu seinem falschen Verhalten zurück und sündigt erneut. Wenn der Erhabene Allah﷾ aber Gutes für Seinen Diener will, dann erkennt Er dessen Tewbeh als gültige Tewbeh an und dies erkennt man dann daran, dass der Diener diesen Fehltritt zum letzten Mal beging und nicht wieder zu dieser Form der Sünde zurückkehrt."[222]

---

222 Vgl. hierzu: El-Quscheyri: Scherhu Esma'il Husna: Et-Tewwab.

Vom Gottvertrauen

„Allah liebt jene, die auf Ihn im Tewekkul vertrauen!"[223]

Wenn der Muslim das Wesen der Einheit Allahs (Tewhid) erkannt hat, hat er auch erkannt, dass es für ihn auf Erden keinen Beistand geben kann, außer den Beistand des Erhabenen Allah allein. Und im Lichte dieser Erkenntnis beginnt er dann automatisch damit, einzig auf den Erhabenen Allah zu vertrauen und sich ausschließlich auf Ihn zu stützen. Der Gesandte sagte hierzu: *„Wenn ihr euch auf Allah mit wahrhaftigem Gottvertrauen stützen würdet, würde Er euch euren Lebensunterhalt auf dieselbe Weise bescheren, wie Er ihn den Vögeln beschert, die (des Morgens) mit leeren Mägen losfliegen und (des Abends) wohlgenährt (zu ihren Behausungen) zurückkehren."*[224]

Wer sich voller Vertrauen auf den Erhabenen Allah stützt, hat erkannt, dass Dieser der Schöpfer aller Dinge und deren Ursprung und Erstursache ist. Solch ein Mensch fürchtet sich nicht mehr vor Armut, Krankheit oder Tod, denn er weiß, dass alles, was ihm geschieht, vom Erhabenen Allah kommt und deshalb gut für ihn ist.

Und wer verstanden hat, dass der Erhabene Allah der Anfang und das Ende aller Dinge und Ereignisse ist, beginnt damit, in allen Vorgängen dieser Welt das Wirken ihres Schöpfers zu entdecken und sein gesamtes Leben wird mehr und mehr im Zeichen des Gottesgedenken stehen und einen Gottesbezug aufweisen.

In diesem Sinne spricht der Erhabene Allah Seinen Gesandten im Edlen Quran mit folgenden Worten an: **„Nicht du warfst, als du warfst, sondern Allah warf."**[225] Offensichtlich war es der Gesandte Allahs, der den Gegnern in der Schlacht von Bedr eine Handvoll

---

223 3. Sura: Alu Imran, Vers 159.
224 Ibn Madscheh: Sunen: Ez-Zuhd, Nr. 4164.
225 8. Sura: El-Enfal, Vers 17.

Erde entgegenwarf und ihnen dabei Sand in die Augen streute. Der eigentlich Werfende aber war der Erhabene Allah﷾ , denn Dieser erschuf die Tat des Werfens Seines Gesandtenﷺ. Der Gesandte Allahsﷺ war hierbei nur ein willfähriges Werkzeug seines Herrn, ein Geist, in den der Erhabene Allah﷾ den Wunsch des Sandwerfens legte und ein Körper, in dem der Erhabene Allah﷾ den Vorgang des Werfens erschuf.

Dieses Beispiel kann auf alle anderen Vorgänge in dieser Welt übertragen werden: Wenn die Mutter dem Kind die Brust gibt, so ist nicht die Mutter die eigentliche Ernährerin des Kindes, sondern der Erhabene Allah﷾ ist es, Der es ernährt. Denn Er erschafft die Milch in ihrer Brust und sorgt dafür, dass diese ungehindert durch die Milchdrüsen in den Mund des Kindes fließt; Er könnte den Milchhahn auch jederzeit wieder zudrehen.

Und wenn der Reiche dem Armen eine milde Gabe gibt, so ist nicht der Reiche der eigentliche Geber dieser Gabe sondern nur deren Übergeber, denn der wahre Geber der Gabe ist der Erhabene Allah﷾ , weil er dem Übergebenden erst seinen Reichtum gab, ihm dann den Wunsch des Gebens ins Herz legte und schließlich die Tat seines Gebens erschuf...

Gottvertrauen (Tewekkul) bedeutet aber nicht, dass wir unsere Hände in den Schoß legen sollen, weil der Erhabene Allah﷾ ja sowieso für unseren Unterhalt sorgt und Er der alleinig Handelnde in dieser Welt ist. Denn nachdem man den Gesandten Allahsﷺ gefragt hatte: „Für was ist denn das Handeln dann noch gut, wenn doch die Dinge schon vollendet sind, bevor sie überhaupt geschehen?", antwortete er: *„Handelt! Denn jedem wird jenes Handeln leichtgemacht, für das er erschaffen wurde!"*[226]

---

226 El-Bukhari: Nr. 4949; Muslim: Nr. 2647.

Und so erwartet der Erhabene Allahﷻ von uns, dass wir aktiv für unseren Lebensunterhalt sorgen und jene Gelegenheiten wahrnehmen, die Er uns hierfür bietet. Im Edlen Quran heißt es hierzu in der Geschichte von Meryem ﷞, der Mutter des Propheten Isa ﷺ: **„Und schüttle nur den Stamm der Palme, dann werden frische reife Datteln auf dich herabregnen!"**[227]

Der Erhabene Allahﷻ sorgte also einerseits dafür, dass Meryem ﷞: – mitten im Winter – frische Datteln zu essen bekam, erwartete aber andererseits von ihr, dass sie auch selbst etwas hierzu beitrug, indem sie die Datteln von der Palme schüttelte.

Außerdem bedeutet Gottvertrauen nicht, dass wir dem Überbringer der göttlichen Wohltaten und Gnadengaben nicht zu danken brauchen, weil er ja nicht deren Urheber, sondern nur ihr Überbringer ist. Und genauso wenig bedeutet dies, dass man keinen Lohn dafür erhält, wenn man vom Erhabenen Allahﷻ als Überbringer Seiner Wohltaten ausgewählt wurde. Denn auch wenn der Erhabene Allahﷻ den Überbringer Seiner Wohltat mit dem entsprechenden Vermögen ausstattete und ihm den Wunsch zum Geben ins Herz legte, handelt dieser doch letztlich aus eigener Willensentscheidung heraus und hätte sich auch anders entscheiden und nichts geben können, als ihm der Erhabene Allahﷻ den Wunsch des Gebens ins Herz legte. Und dafür, dass er sich für die Freimütigkeit und das Geben und gegen den Geiz und das Zurückhalten entschied, erhält der Überbringer der Wohltat dann auch göttlichen Lohn für seine schöne Tat, sofern er diese für das Wohlgefallen Allahs ausführte.

Und weil der Überbringer der Wohltat eben sehr wohl etwas zu seiner guten Tat beigetragen hat, reicht es nicht aus, nur dem Erhabenen Allahﷻ dafür zu danken, wenn Er uns durch Vermittlung eines Seiner Geschöpfe eine Wohltat zukommen ließ, sondern wir sind darüber hinaus auch dazu verpflichtet, dem Überbringer der Wohltat unseren Dank

---

227   19. Sura: Meryem, Vers 25.

auszusprechen. Und so ist die Dankespflicht gegenüber dem Erhabenen Allah also mit dem Dank gegenüber dem Überbringer der Wohltat verknüpft und dies bedeutet, dass der Erhabene Allah unseren Dank an Ihm nur dann akzeptiert, wenn wir auch dem Überbringer der gewährten Wohltat unseren Dank aussprechen. Dabei müssen wir uns aber selbstverständlich dessen bewusst sein, dass alle Wohltaten eigentlich vom Erhabenen Allah herstammen und Er der Hervorbringer und Ursprung aller Dinge ist.

Zusammenfassend können wir sagen, dass Tewekkul jenes unerschütterliche Vertrauen des Dieners darin ist, dass der Erhabene Allah stets das Beste für ihn will, jederzeit für ihn sorgt, ihm seinen Lebensunterhalt bereitstellt und ihm Auswege in Notsituationen bietet. Und weil man sich hierbei dessen bewusst ist, dass die anderen Geschöpfe nur Hilfsmittel des Erhabenen Allah sind, die einem nicht helfen können, wenn dies der Erhabene Allah nicht will, gibt man sein Vertrauen in die anderen Menschen auf und stützt sich ausschließlich auf den Erhabenen Allah .

In diesem Sinne sagte Dhunnun el-Misri einmal zu einem Mann: „Tewekkul ist das Hinaustreten aus dem Gehorsam gegenüber vielen Göttern und die ausschließliche Beschäftigung mit dem Gehorsam gegenüber dem einen und einzigen Herrn und die Beendigung des Glaubens an das Prinzip von Ursache und Wirkung!"[228]

Und als der Mann da zu ihm sagte: „Erzähl mehr davon!", erwiderte er ihm: „Es ist die Annahme der Eigenschaften der Gottesdienerschaft (Ubudiyyeh) und die Aufgabe des eigenen Anspruchs auf Göttlichkeit (Ilahiyyeh)!"[229]

Hierzu gehört es natürlich auch, zu akzeptieren, dass alles Unheil, das einem widerfährt, vom Erhabenen Allah herstammt und deshalb gut für einen ist, auch wenn man oftmals nicht dazu in der Lage

---

228 Beispiel: Nicht das Heilmittel hat mich geheilt, sondern der Allheilende.
229 El-Attar: Tedhkiratul Ewliya: 13: Dhunnun el-Misri.

ist, jene Weisheit, die hinter den Entscheidungen des Erhabenen Allah﷽ steckt, sofort zu durchschauen.

Meistens lässt uns der Erhabene Allah﷽ aber im Nachhinein erkennen, welche Weisheit hinter einem - augenscheinlichen Unglücksfall oder Misserfolg - steht. Aber selbst, wenn wir diese Weisheit einmal nicht erkennen sollten, sollten wir uns doch trotzdem dessen bewusst sein, dass wir durch Unglücksfälle, Krankheiten oder Misserfolge vor noch schlimmerem Unglück bewahrt werden, unsere Sünden abbüßen, in unseren religiösen Rangstufen erhöht werden oder von Sündhaftigkeit abgehalten werden.

Imam el-Ghazali ﷺ sagte hierzu so schön: „Wenn es nicht so wäre, wie es ist, wäre es noch viel schlimmer!"

Die Kraft des Bittgebets

„Und wenn dich Meine Diener nach Mir fragen, siehe, Ich bin (dir) nahe, (indem Ich stets weiß, was du tust). Ich will dem Ruf des Rufenden (der Mich im Bittgebet anruft) antworten, sobald er Mich ruft."[230]

Der Erhabene Allah ist Seinem Diener näher, als seine Halsschlagader. Er weiß von all seinen Nöten und all seinen Sorgen und wartet nur darauf, dass sich Ihm Sein Diener im Bittgebet zuwendet. Denn das Bittgebet nimmt beim Erhabenen Allah einen besonders hohen Stellenwert ein. Der Gesandte Allahs sagte dazu: *„Keine Sache ist bei Allah kostbarer, als das Bittgebet!"[231]*

Und so nimmt Er Sich Seiner Diener, die sich Ihm demütig im Bittgebet zuwenden, mit Freude an. Jene aber, die zu stolz dafür sind, sich aus freien Stücken vor ihrem Herrn zu demütigen, erzürnen Ihn und werden von Ihm im Jenseits für ihren Hochmut gedemütigt werden. Der Erhabene Allah spricht hierzu im Edlen Quran: **„Und euer Herr spricht: „Ruft Mich an, Ich werde euch antworten! Diejenigen aber, die zu stolz dafür sind, Mich anzurufen, werden gedemütigt in die Hölle eintreten."[232]**

Damit ein Bittgebet aber auch sicher vom Erhabenen Allah erhört wird, sollte man ein paar grundlegende Regeln beachten: Die wichtigste Regel hierbei ist, dass man sich an die Ge- und Verbote des Erhabenen Allah hält und der Sunneh Seines Gesandten folgt. Außerdem sollte man immer nur erlaubte Dinge zu sich nehmen. In diesem Sinne sagte der Gesandte Allahs zu seinem Gefährten Sa'd Bin Ebi Waqqas : *„O Sa'd! Iss Erlaubtes (Halal), dann werden deine Bittgebete erhört!"[233]*

---

230 2. Sura: El-Baqarah, Vers 186.
231 El-Hakim: Mustedrak: Ed-Du'a, Nr. 1801.
232 40. Sura: Ghafur, Vers 60.
233 Et-Taberani: El-Ewsat, Nr. 6495.

Darüber hinaus sollte der Bittende sein Herz während des Bittgebets ausschließlich mit dem Erhabenen Allah beschäftigen und fest davon überzeugt sein, dass der Erhabene Allah seine Bittgebete erhören und beantworten wird. Hierzu gehört es auch, dass man nicht gleich die Flinte ins Korn wirft, wenn der Erhabene Allah einmal ein Bittgebet nicht sofort erfüllt, sondern Diesen weiterhin beharrlich um die Erfüllung seines Wunsches bittet. Denn erstens liebt der Erhabene Allah jene, die ausdauernd in ihrer Zuwendung zu Ihm sind und zweitens weiß Er am besten, wann der richtige Zeitpunkt für die Erfüllung eines Bittgebets gekommen ist.

Manchmal tritt dieser Zeitpunkt aber auch nie ein. Dies beispielsweise, wenn die Erfüllung des Bittgebets schädlich für den Bittenden wäre. Doch auch in diesem Fall war sein Bittgebet nicht umsonst, denn dieses wird ihm dann gewiss auf andere Weise einen Nutzen bringen, denn der Gesandte Allahs sagte doch: *„Euer Herr ist schamvoll und edelmütig. Er würde sich vor Seinem Diener schämen, wenn dieser seine beiden Hände vor Ihm (im Bittgebet) erheben würde und Er ihn dann mit leeren Händen zurückwiese."*[234]

Und so erlässt der Erhabene Allah Seinem Diener dann anstelle der Erfüllung seiner Bitte entweder einige seiner Sünden oder Er erhöht ihn in den Rangstufen bei Sich oder Er behält das Bittgebet fürs Jenseits auf und erfüllt es ihm dort, indem Er ihm seine jenseitigen Güter mehrt.

Wer nun sicherstellen will, dass sein Bittgebet auch wirklich beim Erhabenen Allah ankommt, der sollte vor und nach dem Vortrag des Bittgebets den Erhabenen Allah lobpreisen und Segenswünsche auf den Gesandten Allahs aussprechen. Damit versieht er seinen Bittbrief mit dem prophetischen Siegel und entrichtet hierdurch die Gebühren für die Dienste der göttlichen Postmeisterei.

---

234 Ibn Madscheh: Sunen, 3865.

Das perfekte Bittgebet

Schlussendlich sollte sich niemand davon abhalten lassen, Bittgebete zu sprechen, weil er von sich selbst eine schlechte Meinung hat. Denn schließlich erfüllte der Erhabene Allah ja selbst das Bittgebet des schlechtesten aller Geschöpfe, des verfluchten Scheytan: Als dieser zum Erhabenen Allah sagte: **„Gewähre mir Aufschub, bis zu jenem Tag, an dem sie (die Menschen) auferweckt werden!"**[235], antwortete ihm der Erhabene Allah : **„Fürwahr! Die Frist sei dir gewährt!"**[236]

---

235 7. Sura: El-A'raf, Vers 14.
236 7. Sura: El-A'raf, Vers 15.

Die Liebe zum Propheten Muhammed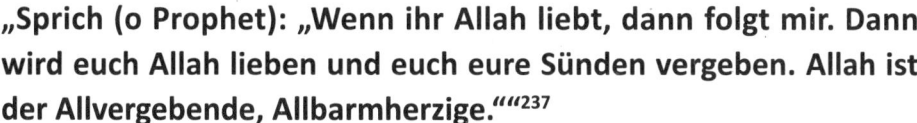

„Sprich (o Prophet): „Wenn ihr Allah liebt, dann folgt mir. Dann wird euch Allah lieben und euch eure Sünden vergeben. Allah ist der Allvergebende, Allbarmherzige.""237

Wie wir zu Anfang dieses Büchleins gesehen haben, hat der Erhabene Allah im Glaubensbekenntnis den Glauben an Sich mit dem Glauben an Seinen Gesandten Muhammed verbunden: Nur wer Seinen Propheten akzeptiert, dessen Glaube an den Erhabenen Allah ist gültig.

Seht nur, welch hohe Wertschätzung der Erhabene Allah hiermit Seinem Gesandten entgegenbringt! Und diese Art der Wertschätzung gegenüber Seinem Liebling erwartet Er natürlich auch von uns. Hat Er doch in mehreren Quranversen den Gehorsam Ihm gegenüber mit dem Gehorsam gegenüber Seinem Propheten gleichsetzt, so beispielsweise in dem folgenden: **„Sprich (o Prophet): „Seid Allah und Seinem Gesandten gehorsam!" Und wenn sie sich abwenden, so sollen sie wissen, dass Allah nicht die Undankbaren liebt!""238**

Nur wer dem Gesandten gehorsam ist, ist auch dem Erhabenen Allah gehorsam und wer sich gegen ihn auflehnt, lehnt sich zugleich gegenüber dem Erhabenen Allah auf. Denn der Prophet „spricht nicht aus eigenem Antrieb, sondern vielmehr ist es eine Offenbarung, die ihm (von Allah) eingegeben wurde!"239

Dies bedeutet zwar nicht, dass alle Worte des Propheten göttliche Offenbarung waren, wohl aber, dass alle Worte, die er in Bezug auf die Religion sprach und alle Gebote, die er für die Gläubigen erließ, auf göttlicher Eingebung basieren und deshalb den Worten und Geboten

---

237 3. Sura: Alu Imran, Vers 31.
238 3. Sura: Alu Imran, Vers 32.
239 53. Sura: En-Nedschm, Vers 3f.

des Edlen Quran ebenbürtig und gleichgestellt sind. Und hierbei sprach der Gesandte Allahs ﷺ nicht nur auf Basis der Offenbarung Recht und erließ religiöse Gesetze, sondern er erklärte uns auch die göttliche Offenbarung des Edlen Quran und machte uns diese so überhaupt erst verständlich.

Der Gesandte Allahs ﷺ war der gelebte Quran und die Personifizierung der göttlichen Gebote und des gottgewollten Handelns und nur wer dem Handeln Seines Gesandten ﷺ nacheifert und diesem so nahe als möglich kommt, kann den Erhabenen Allah ﷻ wirklich zufriedenstellen.

Wenn ich jemanden wirklich liebe, liebe ich auch alles, was er liebt und was mit ihm verbunden ist: Ich liebe seine Familie, den Ort, an dem er wohnt, ja selbst den Hund, der vor seiner Haustür liegt. Auf den Erhabenen Allah ﷻ bezogen ist dies nicht anders: Auch Er liebt gewisse Personen und Handlungen mehr als andere Personen und Handlungen. Und der Prophet ﷺ vereint dies beides in sich: Seine Person ist dem Erhabenen Allah ﷻ die liebste Person unter allen Menschen und Seine Handlungen sind Ihm die liebsten Handlungen aller Menschen.

Nicht umsonst sagte der Prophet ﷺ: *„Wahrlich ist Ibrahim der Khalilullah (der Freund Allahs) und so ist es. Und Musa ist der Nedschiyullah (dem von Allah geholfen wurde) und so ist es. Und Isa ist der Ruhullah (der Geist Allahs)[240] und sein Wort und so ist es. Und Adem ist der Auserwählte Allahs und so ist es. Aufgemerkt! Ich aber bin der Habibullah (Liebling Allahs) und dies sage ich ganz ohne Stolz!"[241]*

Die Gelehrten erklären diese Mehabbeh (Liebe) des Habib folgendermaßen: Diese Liebe zeichnet sich durch den Gehorsam gegenüber dem Erhabenen Allah ﷻ, dem Handeln in Übereinstimmung mit Seinem Wollen und der vollkommenen Hinwendung zu Diesem aus.

---

240 Dies bedeutet, dass der Erhabene Allah ﷻ Isa ﷺ ohne Vater erschaffen hat und dass hierbei Dschibril ﷺ zur Empfängnis Isa ﷺ auf Meryem ﷺ blies. Es darf hier also weder verstanden werden, dass der Erhabene Allah ﷻ einen Geist besitzt, noch dass Isa ﷺ etwas Göttliches in sich trüge.

241 Et-Tirmidhi: Sunen: El-Menaqib: 1: „Fi Fadli Nebiyy"; Nr. 3976.

Der Prophetﷺ ist der Habibullah, weil er diese Voraussetzungen unter allen Geschöpfen am meisten erfüllt. Da er die stärkste Liebe zum Erhabenen Allahﷻ empfindet, empfindet Dieser auch die stärkste Liebe zu ihm. Er hat ihn als Seinen Habib unter allen anderen Geschöpfen ausgewählt und aus Seiner reinen Liebe heraus erschaffen und so ist der Habibullah der persönliche Liebling des Erhabenen Allahﷻ, den Er allen anderen Menschen in Seiner Liebe zu ihm voranstellt.

Die Liebe zum Erhabenen Allahﷻ drückt sich also im Gehorsam Ihm gegenüber aus und je gehorsamer man Ihm ist, desto mehr kann man auch von sich behaupten, dass man Ihn liebt. Alles andere sind nur Lippenbekenntnisse. Und wie wir anhand der oben aufgeführten Quranverse gesehen haben, ist der Gehorsam gegenüber dem Erhabenen Allahﷻ mit dem Gehorsam gegenüber Seinem Prophetenﷺ und die Liebe zum Erhabenen Allahﷻ mit der Liebe zu Seinem Prophetenﷺ verbunden.

Dies ist der Grund dafür, warum der Prophetﷺ sagte: *„Keiner von euch glaubt (wirklich), solange er mich nicht mehr liebt als seine Eltern, seine Kinder und die Menschen insgesamt!"*[242]

Für uns neue Muslime ist es zu Beginn des göttlichen Pfades erst einmal schwer vorstellbar, dass wir den Prophetenﷺ mehr lieben könnten, als unsere Ehefrau, unsere Eltern und Kinder, ja als uns selbst. Aber je länger wir uns auf den Prophetenﷺ einlassen, je mehr wir uns mit seinem gesegneten Leben und seinen weisen Aussprüchen befassen, je öfter wir erleben, dass all dies, was er gesagt und getan hat, von unendlicher göttlicher Weisheit durchdrungen ist, desto mehr macht sich die Liebe zu ihm in unseren Herzen breit und desto mehr verstehen wir, warum die alteingesessenen Muslime den Prophetenﷺ so sehr lieben.

---

242 El-Bukhari: Bid'ul Wahyi, Nr. 15.

Deshalb ist es zu Beginn des göttlichen Pfades wichtig, dass wir uns mit der Lebensgeschichte des Propheten ﷺ befassen und ihn auf diese Weise kennenlernen. Der Rest kommt dann ganz von selbst und eines Tages gehören wir dann plötzlich auch zu jener exklusiven Schar von aufrichtigen Muslimen, die verinnerlicht hat, dass die Rechtleitung im Befolgen der Sunneh des Propheten ﷺ liegt und der Irrweg in ihrer Missachtung.

Und irgendwann, ohne dass wir es überhaupt bemerken, gehören wir dann -in scha Allah- auch zu jenen Leuten, die in folgendem prophetischen Ausspruch angesprochen werden: *„Unter jenen meiner Gemeinde, die mich am meisten lieben, sind Leute, die erst nach meinem Ableben kommen werden. Ein jeder von ihnen würde seine Familie und seinen Besitz dafür geben, nur um mich sehen zu dürfen!"*[243]

Neben der Beschäftigung mit der Lebensgeschichte des Propheten ﷺ ist das Sprechen von Segenswünschen auf ihn der schnellste Weg zur Liebe zu ihm. Im Edlen Quran heißt es hierzu: **„Wahrlich sprechen Allah und Seine Engel Segenswünsche auf den Propheten. O ihr, die ihr glaubt: Sprecht (auch) ihr Segenswünsche auf ihn und grüßt ihn mit dem Friedensgruß, so wie sich dies gehört!"**[244]

Hierbei kommen all unsere Segenswünsche und Friedensgrüße beim Propheten ﷺ an und er bekommt diese mit, denn er sagte doch in folgender Hadith: *„Keiner bringt den Friedensgruß auf mich aus, ohne dass mir Allah meine Seele zurückgäbe, auf dass ich seinen Friedensgruß erwidern kann!"*[245]

Und mit jedem Segenswunsch steigern wir die Nähe zum Gesandten Allahs ﷺ, bis wir am Tage der Auferstehung schließlich zu jenen gehören dürfen, die er aufgrund der vielen Segenswünsche, die wir auf ihn ausgebracht haben, wiedererkennt und als seine Nahen akzeptiert.

---

243 Muslim: El-Dschenneh we Sifetu Na'imiha; Nr. 7323.
244 33. Sura: El-Ehzab, Vers 56.
245 Ebu Dawud: Sunen: Nr. 2043.

Hierzu sagte erﷺ: *„Die Leute, die mir am Tage der Auferstehung am nächsten sind, sind jene, die die meisten Segenswünsche auf mich ausgebracht haben!"*[246]

Außerdem können jene, die Segenswünsche auf den Prophetenﷺ ausbringen, niemals im Verlust sein, denn der Erhabene Allahﷻ freut sich so sehr über ihre Wertschätzung gegenüber Seinem Liebling, dass Er ihre Segenswünsche für Seinen Gesandtenﷺ vielfach erwidert. Der Prophetﷺ sagte hierzu: *„Wer für mich einen Segenswunsch ausbringt, für den bringt Allahﷻ zehn Segenswünsche aus!"*[247]

Hierbei sind dem Sprechen von Segenswünschen auf den Prophetenﷺ keine Grenzen gesetzt und je mehr Segenswünsche wir auf ihn aufbringen, desto höher steigen wir in seiner Gunst, die darin besteht, dass er beim Erhabenen Allahﷻ Fürsprache für uns einlegt und in der Gunst des Erhabenen Allahﷻ , die darin besteht, dass Er uns liebt, weil wir Seinen Geliebten lieben.

Der Prophetengefährte Ubey Bin Ka'b ؓ erzählte hierzu folgende Geschichte: „Ich sagte zum Prophetenﷺ: „O Gesandter Allahs! Ich spreche viele Segenswünsche auf dich. Wie viel der Zeit, die ich (für meinen freiwilligen Gottesdienst verwende), soll ich denn für meine Segenswünsche auf dich verwenden?"

Der Gesandteﷺ erwiderte mir: *„So viel du willst!"*

Ich fragte: „Ein Viertel?"

Er antwortete mir: *„So viel du willst! Wenn du mehr machst, ist es noch besser für dich!"*

Da fragte ich: „Die Hälfte?"

Er antwortete mir: *„So viel du willst! Wenn du mehr machst, ist es noch besser für dich!"*

---

246 Et-Tirmidhi: Sunen: Nr. 484.
247 Muslim: Es-Salah, Nr. 875.

Da fragte ich: „Zwei Drittel?"

Er antwortete mir: *„So viel du willst! Wenn du mehr machst, ist es noch besser für dich!"*

Und als ich da fragte: „Soll ich meine gesamte Zeit darauf verwenden, (Segenswünsche auf dich auszubringen)?", erwiderte er mir: *„Dann werden dir all deine Bedürfnisse gedeckt und all deine Sünden vergeben!"*[248]

---

248 Et-Tirmidhi: Sunen: Nr. 2457.

Vom richtigen Umgang mit Nichtmuslimen

„Allah verbietet euch nicht, gegen jene, die euch nicht des Glaubens wegen bekämpft haben und euch nicht aus euren Häusern vertrieben haben, gütig zu sein und redlich mit ihnen zu verfahren; wahrlich, Allah liebt die Gerechten."[249]

In diesem Quranvers erlaubte der Erhabene Allah den Prophetengefährten ausdrücklich, ein gutes Verhältnis mit ihren nichtmuslimischen Mitbürgern zu pflegen. Hiervon nahm Er nur jene Zeitgenossen des Propheten aus, die den Islam aktiv bekämpften oder den Propheten und seine Gefährten aus ihren Häusern in Mekka vertrieben und zur Auswanderung nach Medina zwangen.

Im Umgang mit den nichtmuslimischen Mitbürgern mahnte der Erhabene Allah in diesem Vers außerdem an, dass die Muslime mit ihnen gütig, redlich und gerecht zu verfahren haben.

Gütig zu sein bedeutet hierbei nichts anderes, als dass wir mit unseren nichtmuslimischen Mitbürgern liebevoll, barmherzig und sanftmütig umgehen sollen. Hierzu gehört es natürlich auch, dass wir ihnen in der Not beistehen und ihnen unaufgefordert eine helfende Hand anbieten, wenn wir sehen, dass sie unserer Hilfe bedürfen.

Das Redlichkeitsgebot dieses Verses deutet darauf hin, dass wir den Nichtmuslimen gegenüber aufrichtig zu sein haben und vor ihnen nicht unsere wahren Absichten verschleiern sollen. Und dies bedeutet, dass die sogenannte „Taqiyyeh", die darin besteht, dass man angeblich Andersgläubige belügen und betrügen und vor ihnen seine wahren Absichten verschleiern dürfe, eine Sache ist, die nicht mit dem sunnitischen Islam vereinbar und also den Sunniten nicht

---

249 60. Sura: El-Mumtahineh, Vers 8.

erlaubt ist. Denn das Lügen ist und bleibt eine große Sünde und das Verbot zu lügen ist nicht darauf beschränkt, dass man nur Muslime nicht belügen darf, sondern ist allgemeingültig und bezieht sich auf alle Personengruppen.

Der Prophet ﷺ sagte hierzu: *„Hütet euch vor der Lüge, denn diese führt in die Sündhaftigkeit. Und die Sündhaftigkeit führt ins Feuer! Und man lügt solange weiter, bis einen Allah ﷻ schließlich in das Register der Lügner einträgt!"*[250]

Die einzige Ausnahme von diesem Verbot der Verschleierung der wahren Absichten vor den Nichtmuslimen (Taqiyyeh) bildet für den Muslim jene Situation, in der er ernsthaft um Leib und Leben fürchten muss, wenn er seinen Glauben vor anderen offenbart. Hier darf er seinen wahren Glauben mit der Zunge verschleiern, solange er sich in seinem Herzen weiterhin seinen Glauben bewahrt. Trotzdem wäre es aber auch in solch einer Situation besser, offen zu seinem Glauben zu stehen und diesen nicht zu verleugnen.

Und zu guter Letzt weist das Gerechtigkeitsgebot dieses Verses darauf hin, dass die Muslime an ihre Versprechungen, Abkommen und Geschäftsabschlüsse mit den Nichtmuslimen genauso gebunden sind, wie wenn sie diese mit Muslimen geschlossen hätten.

Zu dem Gerechtigkeitsgebot ist zu sagen, dass sich der Prophet ﷺ stets an seine Abkommen hielt, die er mit Nichtmuslimen geschlossen hatte und Versprechungen ihnen gegenüber stets erfüllte. Er galt unter den Juden und Götzenanbetern Medinas als so gerecht, dass sie ihn als den obersten Richter ihrer Stadt akzeptierten und ihm jene Fälle zur Schlichtung vorlegten, in denen sie sich untereinander nicht einigen konnten.

Dieses Gerechtigkeitsgebot gilt für alle Muslime und zu allen Zeiten, selbst dann, wenn sie sich mit einem anderen Volk im Krieg befinden.

---

250 El-Bukhari: Nr. 6094.

Im Edlen Quran heißt es hierzu: **„O ihr, die ihr glaubt! Steht für Allah als Zeugen der Gerechtigkeit ein! Und lasst euch nicht von eurer Abscheu gegen eine Gruppe von Leuten dazu verleiten, anders als gerecht zu handeln! Seid gerecht, das entspricht eher der Gottesfurcht!"**[251]

Und zu dem Redlichkeitsgebot ist zu sagen, dass der Prophet ﷺ nicht umsonst schon längst vor seiner Prophetenschaft von seinen Mitbürgern den Ehrennamen „El-Emin" (der Vertrauenswürdige) verliehen bekam. Und wie vertrauenswürdig er war, zeigt, dass die mekkanischen Polytheisten auch nach seiner Annahme des Islam nach wie vor ihre Wertgegenstände bei ihm hinterlegten, weil sie wussten, dass seine Vertrauenswürdigkeit nicht auf die Muslime beschränkt war...

Nachdem der Prophet ﷺ nach Medina ausgewandert war, machte er sich sogleich daran, ein gerechtes Gesellschaftsmodell zu etablieren und wachte hierbei streng darüber, dass keine der medinensischen Bevölkerungsgruppen und Religionsgemeinschaften übervorteilt wurde. So kontrollierte er beispielsweise auf den Märkten Medinas, ob die Waagen richtig geeicht, die verwendeten Gewichte dem darauf angegebenen Gewicht entsprachen und die Waren nur in jener Qualität verkauft wurden, die man den Käufern anpries.

Ebu Hurayrah ﷺ berichtet hierzu: „Der Gesandte Allahs ﷺ ging an einem Haufen Lebensmitteln vorbei, (den ein Händler auf einem Markt anbot). Als er seine Hand hineinsteckte, wurden seine Finger feucht. Da fragte er: *„Was ist das, o Lebensmittelverkäufer?"*

Dieser antwortete: „Das kommt vom Regen, o Gesandter Allahs!"

Da sagte er: *„Hättest du dies nicht oben auf den Lebensmittel(haufen) legen können, auf dass die Leute es bemerken? Wer betrügt, gehört nicht zu mir.""*[252]

---

251 5. Sura: El-Ma'ideh, Vers 8.
252 Muslim: El-Iman: 164: Qawlu Nebiyy ﷺ: „Men ghaschana fe leyse minna!"; Nr. 102.

Und an anderer Stelle sagte der Prophet ﷺ: *„Verliehenes ist zurück-zugeben und Geschenke ebenfalls, (wenn diese zurückgefordert werden)! Schulden sind zu begleichen und Bürgen haften, (wofür sie gebürgt haben)!"*[253]

Und über jene Kaufleute, die sich Nichtmuslimen und Muslimen gegen-über an die Regeln des Geschäftslebens halten, sagte der Gesandte Allahs ﷺ: *„Der aufrechte und vertrauenswürdige Kaufmann wird (dereinst) mit den Propheten, den Aufrechten und den Märtyrern beisammen sein!"*[254]

Was nun die Güte, Milde und Nachsicht gegenüber den Nichtmuslimen betrifft, so wollen wir hierzu zwei Beispiele aus der Sunneh des Gesandten ﷺ aufführen.

Erstens: Seine Reaktion auf das schlechte Verhalten der Bewohner von Ta'if:

Nachdem der Gesandte ﷺ fast von der Bevölkerung Ta'ifs zu Tode ge-steinigt worden war, erschien ihm der Offenbarungsengel Dschibril ﷻ und sprach: „Wahrlich hat mir Allah befohlen, dass ich dir gegen dein Volk (also die Bewohner Ta'ifs) zu Diensten sein soll, wegen dem, was sie mit dir angestellt haben!"

Der Gesandte ﷺ antwortete ihm hierauf jedoch mit folgendem Bittgebet: *„O Allah, leite mein Volk recht, denn siehe, sie sind Unwissende!"*[255]

Zweitens: Sein nobles Verhalten nach der Eroberung Mekkas:

Als das muslimische Heer in Mekka eingezogen war, begab sich der Gesandte ﷺ zur Kaaba, um dort zu beten und von der Zemzemquelle zu trinken. Danach setzte er sich. Da scharten sich die mekkani-schen Götzenanbeter - die ihn Jahre zuvor bekämpft und aus sei-ner Heimatstadt vertrieben hatten - um ihn und blickten ihn mit

---

253 Ebu Dawud: Sunen: El-Idscharah: Fi Tadminil Awer; Nr. 3565.
254 Es-Suyuti: El-Dschami'u Saghir: Harfu Tä: Fil Mahalli bi El min Harfi Tä; Nr. 3392.
255 Muhammed el-Khadari: „Nurul Yaqin", S. 64.

furchtsamen Augen an. Da sagte der Prophet Muhammed ﷺ zu ihnen: „O Volk der Quraysch! Was meint ihr wohl, was ich nun mit euch machen werde?"

Und als ihm da der Mekkaner Suheyl Bin Amr erwiderte: „Nur Gutes, o großherziger Bruder und Sohn eines großherzigen Bruders!", sagte der Gesandte ﷺ: *„Geht! Ihr seid freie Männer!"*[256]

Bekanntlich handelte der Gesandte ﷺ jederzeit dem Willen des Erhabenen Allah ﷻ gemäß und folgte nie den Präferenzen seines Egos: „Er spricht nicht aus eigenem Antrieb. Vielmehr ist es eine Offenbarung, die ihm eingegeben wird."[257] Und so entsprach sein nobles Verhalten gegenüber den Mekkanern also dem Willen des Erhabenen Allah ﷻ : Hätte sich der Gesandte ﷺ an den Mekkanern – wegen des Unrechts, das sie ihm in der Vergangenheit zugefügt hatten - gerächt, so wären deren Herzen mit Hass erfüllt gewesen und sie hätten niemals den Islam angenommen. Weil er aber den Mekkanern verzieh und ihnen keine Vorwürfe wegen des vorausgegangen Unrechts machte, das sie an ihm und den Seinen verübt hatten, gewann er ihre Herzen für sich und den Islam und stieß ihnen die Türe zum Paradies auf. Allah ﷻ , der Wender der Herzen, wendete die Herzen der Mekkaner und diese nahmen die Einladung zum Islam dankend an: Fast alle von ihnen wurden quasi über Nacht zu Muslimen und in der Folgezeit zu vorbildlichen Botschaftern des Islam.

Ihr Glaube war echt und nicht nur vorgetäuscht, wie das Verhalten der neu hinzugekommenen Gefährten nach dem Ableben des Gesandten ﷺ beweist. Sie wurden von seinen erbittertsten Feinden zu seinen glühendsten Anhängern. Diesen Gesinnungswandel drückt die Aussage von Hind Bint Utbeh ﵂, die eine der schlimmsten Gegner des Gesandten ﷺ war, am besten aus: Nachdem Hind ﵂ den Islam angenommen hatte, kam sie zum Gesandten ﷺ und sprach: „Bei Allah, o Gesandter Allahs!

---

256 Muhammed el-Khadari: „Nurul Yeqin", S. 195.
257 53. Sura: En-Nedschm, Vers 3f.

Es gab kein Volk auf Erden, dessen Erniedrigung mir lieber gewesen wäre, als die deines Volkes. Dann aber kam der heutige Tag und nun ist mir die Erhöhung keines Volkes lieber, als die deines Volkes."[258]

Der Erhabene Allah﷾ ließ uns eine große Gnade zuteilwerden, als Er uns zu Muslimen machte. Dieser göttliche Gnadenerweis ist aber auch mit Pflichten für uns verbunden. Denn jeder Muslim ist nicht nur zum Gottesdienst verpflichtet, sondern er ist gleichzeitig auch ein Repräsentant des Islam. Nicht zuletzt von unserem Verhalten hängt es nämlich ab, ob die Herzen unserer nichtmuslimischen Mitmenschen für den Islam erwärmt werden oder ob diese vor Abscheu vor dem Islam erkalten. Lasst uns deshalb dem Vorbild des Gesandten Allahsﷺ folgen und den Nichtmuslimen durch freundliches, höfliches, bescheidenes, sanftmütiges, verzeihendes, korrektes, hilfsbereites und barmherziges Verhalten die Schönheit des Islam näherbringen.

Im Folgenden soll nun gezeigt werden, welches Verhalten im Umgang mit Nichtmuslimen als erlaubt und welches als verboten, welches als schön und welches als unschön angesehen wird.

---

258 Muhammed Khadari: „Nurul Yeqin", S. 197.

Der Umgang mit unseren nichtmuslimischen Familienangehörigen

Seinen Eltern zu gehorchen und sie anständig zu behandeln ist die Pflicht eines jeden Muslims und die Auflehnung gegen sie ist eine große Sünde, denn der Erhabene Allahﷻ befahl den Menschen, ihre Eltern gut zu behandeln: **„Und Wir geboten dem Menschen Güte gegen seine Eltern."**[259]

Die gute Behandlung der Eltern genießt beim Erhabenen Allahﷻ also hohes Ansehen. Dies wird von folgender prophetischer Überlieferung bestätigt:

„Während einmal drei Männer gemeinsam unterwegs waren, gerieten sie in einen Wolkenbruch und deshalb begaben sie sich in eine Höhle in einem nahen Berg. Doch kaum, dass sie in der Höhle angekommen waren, löste sich auch schon ein Felsbrocken vom Berg, fiel direkt vor den Eingang der Höhle und schloss die drei Männer darin ein. Da sagte einer der Männer zu seinen Begleitern: „Überprüft eure Taten, die ihr für das Wohlgefallen des Erhabenen Allahﷻ vollbrachtet und richtet dann mithilfe einer von ihnen ein Bittgebet an Allahﷻ. Vielleicht gibt Er uns dann ja den Eingang der Höhle wegen der Aufrichtigkeit unserer Taten frei."

Da sprach einer von ihnen: „O Allah! Wahrlich hatte ich zwei alte gebrechliche Eltern und ich hatte auch kleine Kinder, um die ich mich kümmerte. Wenn ich zu meinen Eltern ging, dann molk ich (die Schafe) und bevor ich da meinen Kindern (von der Milch) zu trinken gab, gab ich erst meinen Eltern (davon) zu trinken. (Eines Tages) war ich sehr mit meiner Herde beschäftigt und kam erst so spät am Abend zu meinen Eltern, dass sie schon schliefen. Und so molk ich dann die

---

259 29. Sura: El-Ankebut, Vers 8.

Schafe, wie ich dies immer zu tun pflegte und kehrte dann mit dem Milchkübel zu ihnen zurück. Anschließend stellte ich mich neben sie hin, (um zu warten, bis sie wieder aufwachten), denn ich scheute mich davor, sie zu wecken. Und obwohl meine Kinder die ganze Zeit über zu meinen Füßen weinten, wollte ich ihnen nicht vor meinen Eltern von der Milch zu trinken geben. Und auf diese Weise verharrten wir bis zum Morgengrauen, (bis meine Eltern endlich aus ihrem Schlaf erwachten). (O Allah!) Wenn Du der Meinung bist, dass ich all dies nur deshalb tat, um Dich im Jenseits sehen zu dürfen, dann gib einen Spalt des Höhleneingangs frei, damit wir den Himmel sehen können!" Da gab Allah einen Spalt des Höhleneingangs frei, damit sie den Himmel sehen konnten.

Da sprach der zweite von ihnen: „O Allah! Ich hatte eine Cousine, die ich so sehr liebte, wie ein Mann eine Frau nur lieben kann. Ich begehrte sie sehr, sie aber verweigerte sich mir solange, bis ich ihr schließlich 100 Goldmünzen (dafür) anbot, (um meinem Begehren stattzugeben. Und als sie da mein Angebot annahm), beeilte ich mich, die 100 Goldmünzen so schnell als nur möglich zusammenzubekommen. Als ich mich dann mit ihr traf und (erwartungsfroh) vor ihr saß, sagte sie jedoch zu mir: „O Abdullah! Fürchte Allah und brich mein Siegel nicht!" Und da ging ich (unverrichteter Dinge) von ihr. O Allah! Wenn Du der Meinung bist, dass ich all dies nur deshalb tat, um Dich im Jenseits sehen zu dürfen, dann gib den Höhleneingang für uns frei!" Da öffnete sich der Eingang ein weiteres Stück.

Nun sprach der letzte von ihnen: „O Allah! Ich stellte einen Arbeiter für eine bestimmte Menge Reis als Lohn an. Nachdem er seine Arbeit getan hatte, sagte er zu mir: „Gib mir das, was mir zusteht!" Doch als ich ihm seinen Lohn geben wollte, verschmähte er diesen. Daraufhin investierte ich seinen Lohn solange, bis er (als Gewinn) eine Kuh und einen Hirten abwarf. Und als da der Mann erneut zu mir kam und sprach: „Fürchte Allah, tu mir kein Unrecht an und gib mir das, was mir zusteht!", antwortete ich ihm: „Geh zu dieser Kuh und (nimm sie dir) mitsamt ihrem Hirten." Er aber sprach: „Fürchte Allah und verspotte mich nicht!" Doch ich erwiderte ihm: „Ich verspotte dich keineswegs! Nimm diese Kuh mitsamt ihrem Hirten!" Da nahm er sie sich und ging davon. (O Allah!) Wenn Du der Meinung bist, dass ich all dies nur deshalb tat, um Dich im Jenseits sehen zu dürfen, dann gib den Rest des Höhleneingangs frei!" Da gab Allah ﷻ den Rest des Höhleneingangs frei."[260]

Wer sich nun fragt, ob es aus islamischer Sicht nur die Pflicht des Muslims ist, mit seinen muslimischen Eltern gut umzugehen oder ob dies auch für nichtmuslimische Eltern gilt, dem liefert folgende Überlieferung die Antwort:

Esma Bint Ebi Bekr ﵂, die Halbschwester der Mutter der Gläubigen Aischa ﵂, hatte eine Mutter, die zwar noch dem alten Glauben der Mekkaner anhing, aber dennoch ihre Tochter nicht daran gehindert hatte, den Islam anzunehmen. Als diese nun eines Tages mit einigen Geschenken im Gepäck nach Medina kam, um ihrer Tochter einen Besuch abzustatten, verweigerte ihr Esma ﵂ den Zutritt zu ihrem Haus und die Annahme der Geschenke und sprach zu ihr: „Ich werde solange deine Geschenke nicht akzeptieren und dich nicht in mein Haus einlassen, bis ich den Gesandten Allahs um Erlaubnis hierfür gefragt habe!"[261]

Und als da Esma ﵂ den Gesandten Allahs ﷺ fragte: „Soll ich die Familienbande mit meiner Mutter aufrechterhalten?", antwortete ihr dieser mit: „Ja!"[262] Anschließend wurde folgender Quranvers herabgesandt: **„Allah verbietet euch nicht den Kontakt zu jenen, die euch nicht der Religion wegen bekämpft haben."**[263]

---

260 El-Bukhari: Kitabul Edeb, Nr. 5629.
261 Tefsir el-Khazin, Band 6, S. 176.
262 El-Bukhari: Kitabul Edeb, Nr. 5634.
263 60. Sura: El-Mumtahineh, Vers 8.

Auf Basis dieser Aussagen stellten die Gelehrten fest, dass die Aufrechterhaltung der Familienbande sowohl den muslimischen als auch den nichtmuslimischen Familienangehörigen gegenüber Muslimenpflicht ist.

Hierzu gehört es auch, dass der Muslim seinen bedürftigen Eltern finanziell unter die Arme greifen und diese zu Hause pflegen sollte, wenn sie krank oder altersschwach sind, unabhängig von ihrem Glauben.

Der Gehorsam gegenüber den Eltern ist für den Muslim solange das Mittel der Wahl, wie die Anweisungen der Eltern nicht den Geboten des Islam widersprechen. Sollten die Anweisungen der Eltern aber den Geboten des Islam widersprechen, ist den religiösen Geboten Vorrang vor dem Gehorsam gegenüber den Eltern zu geben, da der Gehorsam gegenüber dem Erhabenen Allah über dem Gehorsam gegenüber den Eltern steht.

Im Edlen Quran heißt es hierzu: **„Wir legten dem Menschen Güte gegen seine Eltern ans Herz. Seine Mutter trug ihn von Schwäche zu Schwäche und seine Entwöhnung dauerte zwei Jahre. (Allah sagt:) „Sei Mir und deinen Eltern dankbar. Zu Mir ist die Heimkehr. Doch wenn sie dich dazu bringen wollen, dass du Mir an die Seite setzt, wovon du kein Wissen hast, so gehorche ihnen nicht. Verkehre mit ihnen in weltlichen Dingen gleichwohl, wie es gerecht und billig ist. Doch folge dem Weg derer, die sich zu Mir bekehren. Dann ist eure Rückkehr zu Mir und dann werde Ich euch euer Tun vorhalten."**[264]

Hieraus geht klar hervor, dass wir zwar die religionswidrigen Anweisungen der Eltern nicht befolgen dürfen, dies aber kein Grund dafür ist, mit ihnen den Kontakt abzubrechen oder sich irgendwie ungebührend ihnen gegenüber zu benehmen. Das Verhältnis zu den Eltern sollte stets von Respekt und Hochachtung geprägt sein, auch

---

264 31. Sura: Luqman, Vers 14f.

dann, wenn diese einer anderen Religion folgen und nicht wollen, dass ihr Kind Muslim ist. Da handelt man dann, wie es uns dieser Vers empfiehlt, indem man in religiösen Dingen dem Weg des Islam folgt, in weltlichen Dingen aber weiterhin mit seinen Eltern einen schönen Umgang pflegt. Und auf ebendiese Weise sollten wir es auch mit unseren anderen nahen Verwandten halten.

Freundschaft zu Nichtmuslimen

Gegen eine Freundschaft zu Nichtmuslimen ist aus islamrechtlicher Sicht nichts einzuwenden. Im Gegenteil führt die Freundschaft zwischen den Angehörigen verschiedener Religionsgemeinschaften, Ethnien, Hautfarben, Kulturen und gesellschaftlicher Schichten dazu, dass beide Seiten Vorurteile abbauen und mehr Verständnis für die jeweils andere Seite zeigen.

Die höchste Form der Freundschaft ist die Brüderlichkeit. Diese geht weit über die bloße Zweckgemeinschaft einer gewöhnlichen Freundschaft hinaus und ist eine Form der Seelenverwandtschaft, die der Erhabene Allah exklusiv zwischen den Angehörigen der gleichen Religionsgemeinschaft stiftet.

Diese höchste Form der Freundschaft dient nicht allein der Verfolgung irdischer Ziele, sondern richtet sich vornehmlich auf das Beschreiten eines gemeinsamen Weges mit dem einen und einzigen Ziel der Erlangung des Wohlgefallens des Erhabenen Allah im Diesseits und im Jenseits. Dies meinte der Prophet, als er sagte: *„Der Gläubige ist der Bruder des Gläubigen!"*[265]

Der folgende Ausspruch des Gesandten Allahs bezieht sich ebenfalls auf diese exklusive Freundschaft zwischen zwei Geschwistern in der Religion: *„Der Mensch hat dieselbe Religion wie sein Freund. Darum soll sich jeder von euch genau überlegen, mit wem er sich befreundet."*[266]

Diese prophetische Aussage sollte nicht missverstanden werden, indem man meint, dass es keine Freundschaft zwischen Angehörigen unterschiedlicher Religionen geben kann. Denn sie bezieht sich lediglich

---

265 Muslim; Nr. 3529.
266 Et-Tirmidhi: Kitabu Zuhd, Nr. 2378.

darauf, dass es zwei Arten von Freundschaft gibt: Jene Freundschaft, die auf der Verfolgung gemeinsamer irdischer Ziele beruht und jene Freundschaft, die auf der Verfolgung jenseitiger Ziele beruht.

Und hierbei kann jene Freundschaft, die der Verfolgung gemeinsamer irdischer Ziele dient, genauso intensiv sein, wie jene, die der Verfolgung jenseitiger Ziele dient, nur eben, dass letzteres nur zwischen Brüdern in derselben Religion, ersteres aber zwischen allen Menschen möglich ist.

Und doch will der Erhabene Allah ﷻ nicht, dass sich die verschiedenen Religionsgemeinschaften und Völkerschaften voneinander abgrenzen, sondern im Gegenteil, dass sie sich einander annähern und sich auf diese Weise besser kennenlernen und spricht hierzu im Edlen Quran: **„O ihr Menschen! Wahrlich erschufen Wir euch als Mann und Frau und machten euch zu Völkern und Stämmen, auf dass ihr euch gegenseitig kennenlernen möget!"**[267]

Hieran sieht man, dass die Vielfalt unter den Menschen, die Unterschiede zwischen Mann und Frau und zwischen den verschiedenen Völkern und Ethnien gottgewollt sind.

Und nicht nur diese Vielfalt unter den Menschen ist vom Erhabenen Allah ﷻ erwünscht, sondern auch, dass sich diese gegenseitig kennen und lieben lernen.

An anderer Stelle heißt es hierzu im Edlen Quran:

„Für jeden von euch, (die ihr unterschiedlichen Bekenntnissen folgt), haben Wir einen eigenen Brauch und einen eigenen Weg bestimmt. Und wenn Allah gewollt hätte, hätte Er euch zu einer einzigen Gemeinschaft gemacht. Aber Er (teilte euch in verschiedene Gemeinschaften auf und) wollte euch so, in dem was Er euch (von der Offenbarung gab), auf die Probe stellen. Wetteifert nun

---

267 49. Sura: El-Hudschurat, Vers 13.

also nach den guten Dingen! Zu Allah werdet ihr (dereinst) allesamt zurückkehren. Und dann wird Er euch kundtun, worüber ihr uneins wart."[268]

Nicht wir Menschen sind also dazu berufen, andere wegen ihres unterschiedlichen Glaubens zu be- oder verurteilen, sondern dies behält Sich der Erhabene Allah﷾ Selbst vor. Und weil dem so ist, sollten wir solche Dinge im Umgang miteinander ausklammern und sie getrost dem Erhabenen Allah﷾ überlassen.

In allen anderen Dingen aber sollen wir im Guten miteinander wetteifern und gemeinsam dafür sorgen, dass sich jeder Mensch in einer pluralistischen Gesellschaft nach seinen eigenen Präferenzen entfalten kann. Die Grenzen sind hierbei dort erreicht, wo wir anderen Schaden zufügen und sie in ihrer Selbstentfaltung behindern.

Und natürlich können dieses Sich-Gegenseitig-Kennenlernen und dieses Wetteifern im Guten nur auf der Basis gegenseitiger Toleranz, Zuneigung und Freundschaft geschehen und nicht auf der Basis von Misstrauen, Abgrenzung und Intoleranz.

Einzig die Freundschaft in der Religion - die Brüderlichkeit also - ist eine Sache, die nur zwischen Angehörigen derselben Religionsgemeinschaften möglich ist, denn nur mit diesen ist es möglich, den Gottesdienst auf Basis derselben Glaubengrundsätze, desselben Gottesbildes und desselben Ritus auszuführen. All dies bedeutet aber keineswegs, dass der Islam hier eine Zweiklassengesellschaft von Freundschaften schaffen würde, genauso wenig, wie dies das Christentum oder irgendeine andere Religionsgemeinschaft tut, wenn sich ihre Angehörigen zum gemeinsamen Gebet, Gotteslob und religiösen Vorträgen treffen und wie eine einzige Seele in der Ausübung ihrer Religion verschmelzen.

---

268 5. Sura: El-Ma'ideh, Vers 48.

Der gute Umgang mit Schulfreunden, Arbeitskollegen und Nachbarn

Es ist ein Gebot der Menschlichkeit, mit allen Menschen gut umzuge-hen. Das hat nichts mit Religion zu tun. Der Muslim ist im Umgang mit seinen Mitmenschen aber nicht nur dem Gebot der Menschlichkeit verpflichtet, sondern auch den Geboten des Islam, die dafür da sind, ihn zu seiner wahren Menschlichkeit zu führen.

Hierzu gehört der Respekt gegenüber allen Menschen. Denn der Erhabene Allah﷾ hat allen Menschen aufgrund ihres Menschseins eine besondere Würde verliehen, die sie von allen anderen Seiner Geschöpfe unterscheidet.

Diese Würde des Menschen ist unantastbar und muss von den Muslimen unter allen Umständen geachtet werden. Und dies bedeutet, dass wir allen Menschen, egal ob es sich bei ihnen um unsere Arbeitskollegen, Schulfreunde, Vorgesetzten, Nachbarn oder Wildfremde handeln sollte, respektvoll und freundlich zu begegnen haben.

Der Muslim ist nicht einfach nur ein Schüler, Arbeitnehmer oder Vorgesetzter, er ist nicht einfach nur ein Nachbar, Freund oder Mitmensch, sondern er ist gleichzeitig auch immer ein Repräsentant des Islam. Und dies erfordert von ihm, dass er Älteren den erfor-derlichen Respekt und Jüngeren Barmherzigkeit und Verständnis entgegenbringt. Der Gesandte Allahs ﷺ sagte hierzu: *„Wer unseren Alten keine Ehrerbietung und unseren Jungen keine Barmherzigkeit entgegenbringt, gehört nicht zu uns!"*[269]

Mit jüngeren Mitschülern oder untergeordneten Arbeitskollegen sollte der Muslim stets nachsichtig und sanftmütig umgehen, gleichaltri-gen Mitschülern und ranggleichen Arbeitskollegen gegenüber sollte

---

269 Ahmed: Musned: Musned Abdullah Bin Amr ؓ; Nr. 6937.

er stets bescheiden und freundschaftlich auftreten und Lehrern und Vorgesetzten sollte er stets mit Anstand und Respekt begegnen.

Besonders wichtig ist im Islam die Beziehung zu den Nachbarn, denn die Verpflichtung des Muslims zum guten Umgang mit seinen Nachbarn wurde vom Propheten ﷺ in zahlreichen Überlieferungen angesprochen. So sagte der Gesandte Allahs ﷺ hierzu: *„Wer an Allah und den Jüngsten Tag glaubt, der schädige seine Nachbarn nicht!"*[270]

Und in einer anderen Überlieferung sagte er: *„Bei Allah, er glaubt nicht! Bei Allah, er glaubt nicht! Bei Allah, er glaubt nicht!"* Und als man ihn da fragte: *„Wer denn, o Gesandter Allahs?"*, antwortete er: *„Der, vor dessen Bosheit sein Nachbar nicht sicher ist."*[271]

Und einmal kam der Offenbarungsengel Dschibril ﷺ zum Propheten ﷺ und sprach hierbei solange zu ihm über die Rechte des Nachbarn, dass er hiernach zu seinen Gefährten sagte: *„Bis ich dachte, dass er ihn (auch noch) zum Erben erklären würde."*[272]

All diesen Überlieferungen kann man entnehmen, dass es im Islam sehr wichtig ist, ein gutes Verhältnis zu den Nachbarn zu pflegen, egal ob diese Muslime oder Nichtmuslime sind. Hierbei ist es das Wichtigste, dass man Rücksicht auf die Bedürfnisse seiner Nachbarn nimmt und diesen keinen Schaden zufügt, indem man ihre Nachtruhe stört, ihre Garage zuparkt, ihre Mülltonnen vollstopft, ihren Rasen niedertrampelt, ihnen den Hausgang zustellt oder Ähnliches mehr.

Hierzu gehört es auch, dass man sich nicht mit seinen Nachbarn herumstreitet, wenn diese sich ihrerseits schlecht gegenüber einem verhalten, denn zu den Rechten des Nachbarn gehört es auch, dass man jenen Schaden, den einem die Nachbarn zufügen, genauso stillschweigend erduldet, wie der Prophet ﷺ die Bosheiten seines Nachbarn Ebu Leheb mit Langmut erduldete.

---

270 El-Bukhari: Kitabul Edeb, Nr. 5672.
271 El-Bukhari: Kitabul Edeb, Nr. 5670.
272 El-Bukhari: Kitabul Edeb, Nr. 5669.

Duldsamkeit, Freundlichkeit und Hilfsbereitschaft gegenüber den Nachbarn ist das, was der Erhabene Allahﷻ von uns erwartet und dementsprechend hoch entlohnt, wenn wir dies tun. Wenn der Nachbar nichts zu essen hat, geben wir ihm zu essen, wenn er alt ist und nicht mehr alleine zum Einkaufen gehen kann, fahren wir ihn zum nächsten Geschäft und tragen ihm die Einkaufstaschen ins Haus und wenn er krank ist, besuchen wir ihn und bieten ihm unsere Hilfe an...

Teilnahme an gottesdienstlichen Handlungen oder Feierlichkeiten anderer Religionsgemeinschaften

Die Teilnahme an gottesdienstlichen Handlungen anderer Religionsgemeinschaften ist dem Muslim nicht erlaubt, da dies von den islamischen Gelehrten als Billigung der religiösen Praktiken und Ansichten der anderen Religionsgemeinschaft gewertet wird und damit auch als indirekte Zustimmung zu den Lehren ihrer Religionen.

Der Islam zieht eine klare Trennlinie zwischen sich und den anderen Religionen, genauso wie dies die anderen Religionen – jedenfalls noch bis vor kurzem - ebenfalls immer zu tun pflegten: Jede Religionsgemeinschaft hat ihre eigenen religiösen Riten und Praktiken, ihre eigene Art sich zu kleiden und nach außen aufzutreten. Außerhalb der westlichen Welt legen die meisten Religionsgemeinschaften auch heute noch großen Wert darauf, diese Bräuche zu pflegen, nicht zuletzt deshalb, damit ihre religiöse Identitäten erhalten bleiben und ihre religiösen Gebräuche nicht mit jenen der anderen Religionsgemeinschaften zu einem undefinierbaren Einheitsbrei verschwimmen, der seinen eigenen Charakter und seine speziellen Glaubensvorstellungen verloren hat.

Auch die Begräbnisfeierlichkeiten der anderen Religionsgemeinschaften gelten als gottesdienstliche Handlungen. Deshalb ist es dem Muslim nicht erlaubt, an kirchlichen Begräbnis-Zeremonien teilzunehmen. Dies bedeutet aber nicht, dass er nicht auf andere Weise den Angehörigen, Nachbarn oder Arbeitskollegen eines nichtmuslimischen Verstorbenen sein Mitgefühl kundtun darf. Nur den Gottesdienst hierzu sollte er meiden und darauf achten, nicht gegen die Regeln des Islam zu verstoßen.

Zu guter Letzt bleibt noch zu klären, wie sich die Muslime zu verhalten haben, wenn sie an den religiösen Festtagen der Nichtmuslime von diesen dazu eingeladen werden, bei ihnen zu speisen. Hierbei sollte man sich folgender Sache im Klaren sein: Auch wenn die Religion heute in den meisten Familien keine große Rolle mehr spielt, ist der Anlass solcher Festlichkeiten doch ein religiöser. Weihnachten und Ostern sind nun einmal christliche Feste. Und auch wenn jene, die Weihnachten feiern, oftmals gar keinen Gedanken daran verschwenden, dass sie hier gerade ein christliches Fest feiern, stellen sie doch einen Weihnachtsbaum auf, singen Weihnachtslieder, erzählen die Weihnachtsgeschichte und verteilen Weihnachtsgeschenke. Und weil solchen Feierlichkeiten also nicht nur ein religiöses Fest einer anderen Religionsgemeinschaft zugrunde liegt, sondern hierbei auch die religiösen Traditionen einer anderen Religionsgemeinschaft zelebriert werden, sollte sich der Muslim davor hüten, an solchen Feierlichkeiten teilzunehmen, aus Vorsicht davor, dass dies irgendwann für ihn oder seine Kinder zur Gewohnheit wird und ganz allmählich Bräuche anderer Religionsgemeinschaften in seinen Islam einfließen.

Verhalten in der Öffentlichkeit

Die Muslime werden in den westlichen Ländern nicht einfach nur als Angehörige irgendeiner beliebigen Religion angesehen, sondern von einigen ihrer Mitbürger argwöhnisch beäugt. Und wenn dann ein Muslim einen Fehler begeht, gegen die religiösen Gebote verstößt oder sich andersartig daneben benimmt, dann wird ihm dies nicht nur als persönliches Fehlverhalten angekreidet, sondern schnell mit dem Islam in Verbindung gebracht.

Man mag sich zurecht fragen, warum manche Leute das Fehlverhalten der Muslime mit deren Religionszugehörigkeit in Verbindung bringen, das Fehlverhalten der Angehörigen anderer Religionsgemeinschaften hingegen nicht. Vielleicht ist dem so, weil der Islam die letztgültige Religion ist. Vielleicht hat es aber auch andere Gründe. Dass dem aber so ist, steht außer Frage, denn so ziemlich jeder Muslim bekam dies schon mindestens einmal in seinem Leben am eigenen Leib zu spüren.

Kurz gesagt ist jeder Muslim – ob er dies nun will oder nicht – nicht nur eine Privatperson, sondern gleichzeitig auch ein Repräsentant des Islam. Sobald er in die Öffentlichkeit tritt, sind alle Augen auf ihn gerichtet und beim kleinsten Vergehen stürzt man sich auf ihn und ruft triumphierend: „Wir haben es ja immer gewusst! Ihr seid auch nicht besser als wir!"

Eigentlich ist das gut für uns. Denn die Leute helfen uns auf diese Weise dabei, uns strenger an die Regeln des Erhabenen Allahﷻ zu halten, besser auf unsere Worte zu achten, achtsamer mit unseren Mitmenschen umzugehen und uns weniger daneben zu benehmen, als wir es sonst täten. Es könnte also gut sein, dass der Erhabene Allahﷻ diese Leute quasi als Wächter und Kontrollinstanz über uns gesetzt hat, um uns auf unser Fehlverhalten hinzuweisen und uns dabei zu helfen, mehr Gottesfurcht zu bekommen und uns stärker mit den Ge- und Verboten des Islam auseinanderzusetzen...

Wir sind Repräsentanten des Islam. Im Guten wie im Schlechten. Repräsentieren wir ihn gut, werden sich jene Nichtmuslime, die den Islam kennenlernen wollen oder Fragen zum Islam haben, vertrauensvoll an uns wenden. Und wenn sie sich an uns wenden, dann erhalten wir die Chance, ihnen den Islam so zu erklären, wie er wirklich ist und nicht so, wie er in den Medien dargestellt oder von den Anhängern radikaler Splittergruppen und den Vertretern des Reformislam interpretiert wird.

Daher ist es sehr wichtig, dass wir Muslime uns vorbildlich benehmen, uns nichts zuschulden kommen lassen, freundlich zu unseren Mitmenschen sind und unaufhörlich an der Verbesserung unseres

Charakters arbeiten. Der Prophet ﷺ sagte doch: *„Die besten unter euch sind jene, die den besten Charakter haben!"*[273]

Und an anderer Stelle sagte er ﷺ: *„Der beste Mensch ist der, der den Menschen den größten Nutzen bringt!"*[274]

Und als man den Propheten ﷺ fragte: „Wessen Islam ist der beste?", erwiderte er: *„(Der Islam) dessen (ist der beste), vor dessen Zunge und Hand die Menschen sicher sind!"*[275]

In der öffentlichen Wahrnehmung muss der Muslim also mehr sein als nur einer, der seine Pflichtgebete verrichtet, im Ramadan fastet und sich von Wein und Schwein fernhält. All diese Dinge sind nur das Fundament dafür, dass sich der Muslim auch charakterlich weiterentwickeln und zu einem vorbildlichen Menschen werden kann.

Oder anders ausgedrückt: Wenn der Muslim seinem Schöpfer wirklich ein guter Diener sein will, dann muss er sich nicht nur in den Dienst Seines Schöpfers stellen, sondern darüber hinaus seinen Mitmenschen Nutzen bringen, indem er sich in den Dienst der Schöpfung stellt und jenen seine Dienste anbietet, die seiner Dienste bedürfen.

Scheykh Ebul Hasan el-Kharaqani ﷺ erzählte hierzu seinen Schülern einmal folgendes schöne Lehrbeispiel:

„Es gab einmal zwei Brüder, die eine alte Mutter hatten. Und da vereinbarten die beiden, dass der eine von ihnen die Nacht im Gottesdienst verbringen und der andere sich einstweilen um die Mutter kümmern solle und dass sie es in der darauffolgenden Nacht andersherum machen sollten. Doch eines Nachts bat jener der beiden, der die Nacht zuvor im Gottesdienst durchwacht hatte, seinen Bruder, ihm doch auch diese Nacht für den Gottesdienst zu überlassen und sich an seiner statt um die Mutter zu kümmern. Er stimmte zu und so verbrachte

---

273 El-Bukhari: El-Edeb, Nr. 5682.
274 Musnedu Schihab: El-Qada'i: „Khayru Nas"; Nr. 1234.
275 Ahmed: El-Musned: Musned Abdullah Bin Amr, Nr. 6753.

also der eine der beiden die zweite Nacht in Folge im Gottesdienst, während sich der andere die zweite Nacht in Folge um die Mutter kümmerte.

Vor lauter Müdigkeit schlief jener, der sich dem Gottesdienst hingab, dabei aber während einer seiner Gebetsniederwerfungen kurz ein und da träumte er davon, wie ihm ein Rufer aus der verborgenen Welt Folgendes zurief: „Der Erhabene Allah hat deinem Bruder seine Sünden vergeben und Er hat auch dir wegen des segensreichen Handelns deines Bruders vergeben!"

Da sprach der Mann im Traum: „O mein Herr! Ich bin es doch, der sich im Dienst an Dir befindet, während mein Bruder doch einem anderen als Dir (nämlich der Mutter) dient!"

Da hörte er den Rufer rufen: „Ja, das stimmt! Aber du dienst Einem, Der deines Dienstes nicht bedarf, er aber dient einer, die seines Dienstes sehr wohl bedarf!"[276]

Und so gehören der Dienst am Erhabenen Allah und der Dienst an Seiner Schöpfung zusammen und gehen Hand in Hand. Oder anderes gesagt: Der Islam-Pfeiler, der für den Gottesdienst zuständig ist, muss Hand in Hand mit dem Ihsan-Pfeiler gehen, der für das schöne Handeln gegenüber den Mitmenschen zuständig ist. Denn „Ihsan" bedeutet nicht nur, „sich jederzeit in einem Zustand zu befinden, in dem man sich dessen bewusst ist, dass man vom Erhabenen Allah beobachtet wird", sondern auch „Wohlhandeln gegenüber den Mitmenschen". Und so ist der „Muhsin" (Wohlhandelnde) einer, der sich sowohl in vollkommen lauterer Absicht seinem Herrn zuwendet als auch einer, der in diesem reinen Zustand seinen Mitmenschen dient und Nutzen bringt.

---

276 El-Attar: Tedhkiratul Ewliya: Ebul Hasan el-Kharaqani ﷺ, S. 498.

Erst wenn man die beiden Aspekte des Islam und des Ihsan, des Dienstes am Schöpfer und des Dienstes an der Schöpfung, in sich vereint, hat man seinen Islam vervollkommnet, denn erst dann wird man dazu in der Lage sein, den Erhabenen Allah einigermaßen zufriedenzustellen. Und wer diese beiden Aspekte in sich vereint, wird dann auch automatisch zu einem schönen Repräsentanten des Islam und zu einem Botschafter der Religion werden, dem die Menschen gerne zuhören und seinen Worten Glauben schenken, wenn er ihnen davon erzählt, dass der Islam keine Religion der Gewalt und des Terrors, sondern eine Religion der Sicherheit und des Friedens ist.

Und erst wenn das Innere des Muslims geläutert und zu einem reinen Ort der Anbetung des Erhabenen Allah geworden ist, wird sich auch sein Äußeres dahingehend verändern, dass er auf seine Umwelt eine unwiderstehliche Anziehungskraft ausübt und seine Mitmenschen von selbst zu ihm kommen, um von ihm zu erfahren, wie er denn solch einen schönen Zustand des inneren Friedens und der Herzensruhe erlangt hat. Erst wenn er seine Triebseele soweit gebändigt hat, dass sie ihren Frieden mit dem Erhabenen Allah gemacht und sich Ihm voll aufrichtiger Freude unterworfen hat, wird ihn der Erhabene Allah als Seinen Statthalter auf Erden akzeptieren und ihn zu Seinem Botschafter gegenüber den Angehörigen der anderen Religionen machen und diesen durch seine Vermittlung den rechten Weg weisen. Da werden dann die Triebseelen seiner Mitmenschen ihren Kampf gegen ihn aufgeben[277] und ihren Frieden mit ihm schließen und versuchen genauso zu werden, wie er...

---

277 Denn die Triebseelen sind so, wie es Thomas Hobbes einst sagte: „Der Mensch ist des Menschen Wolf". Sie befinden sich in einem ständigen imaginären Kriegszustand untereinander, in dem sie ihre Mitmenschen beneiden, ihnen grollen und sich freuen, wenn diesen ein Missgeschick passiert. Dies ist der Naturzustand der unerzogenen Triebseelen, auch jener, deren Besitzer sich dem Islam zugewandt haben, sich aber nicht mit der Herzenswissenschaft des Ihsan-Pfeilers beschäftigen und deshalb auf der Stufe der äußerlichen Anbetung steckengeblieben sind.

Der richtige Umgang mit Islamophobie

Vorurteile beruhen auf einer subjektiven Vorverurteilung einzelner Personen oder ganzer Personengruppen, ohne dass man sich ein objektives Urteil zu dieser Person oder Personengruppe gebildet hat.

In Europa gibt es Vorurteile gegen den Islam nicht erst seit gestern. Im Laufe der Jahrhunderte gerieten die christlichen Länder Europas immer wieder mit den islamischen Kalifaten des Orients in Konflikt. In Spanien führte man einen jahrhundertlangen heiligen Krieg gegen die Mauren, bis man diese schließlich entweder zwangschristianisiert oder aber massakriert hatte. Aus der Mitte Europas machte man sich zu mehreren Kreuzzügen in den Nahen Osten auf, um Jerusalem von den Muslimen zurückzuerobern. Auf dem Balkan geriet das Habsburgerreich immer öfter mit dem aufstrebenden Osmanischen Reich in Konflikt und konnte nur mit Mühe die Eroberung Wiens abwenden.

So mancher Krieg wurde zwischen den Muslimen aus dem Morgenland und den Christen aus dem Abendland ausgefochten und stets empfanden die Europäer den Islam hierbei als existentielle Bedrohung für das Christentum.

Ein äußerer Feind ist ja bekanntlich auch immer sehr gut dafür geeignet, eigenes innenpolitisches Versagen, eigene Tyrannei, Ausbeutung und Feudalherrschaft zu kaschieren. Und so kam vielen europäischen Herrschern der Islam aus dem Osten ganz recht, um von Missständen im eigenen Land abzulenken und sie warfen die Propagandamaschinerie gegen den blutrünstigen, barbarischen, kindermordenden und frauenschändenden Muslim an, dessen Religion des Teufels sei und der unter allen Umständen zu bekämpfen war.

Seit 1.300 Jahren geht dies nun schon so. Und in vielen europäischen Ländern hält man die Furcht vor einer islamischen Invasion und die sogenannte „Türkengefahr" bis zum heutigen Tag am Leben, indem man jährlich an die Schlacht von Tours von 732, die Schlacht am Amselfeld von 1389 oder die beiden Belagerungen Wiens von 1529 und 1683 erinnert, obwohl doch eine Türkengefahr für Europa schon seit langem nichts anderes mehr ist, als nur ein bloßes Hirngespinst.

Man hatte also genug Zeit, die Negativpropaganda gegen den Islam zu perfektionieren und die Vorverurteilungen gegen ihn in den Köpfen der Europäer zu verankern. Und auch wenn die westlichen Journalisten dies nicht gerne hören mögen: Viele der heutigen Medien bedienen sich genau derselben Stereotypen wie sie die Islamfeinde in früheren Jahrhunderten verwendeten und ihre Veröffentlichungen sind von denselben alten Vorurteilen und Überfremdungsängsten durchtränkt, die den Islam seit ewigen Zeiten mit Gewalt, Terror und Welteroberungsphantasien a`la Isis[278] gleichsetzen.

Und auch wenn viele Muslime dies nicht gerne hören mögen: Natürlich gibt es Terrororganisationen wie die Isis, Boko Haram oder die Hizbullah, die im Namen des Islam Furcht und Schrecken verbreiten und an Menschenverachtung kaum noch zu überbieten sind.

Zu Recht ruft aber unter den Muslimen jenes Vorgehen der westlichen Medien Empörung hervor, das den Islam mit den Gewaltorgien solcher Splittergruppen und Sekten gleichsetzt, die nicht selten so weit abgeirrt sind, dass ihnen die große Mehrheit der islamischen Gelehrten nicht nur abspricht, im Namen des Islam zu handeln, sondern überhaupt Muslime zu sein. Außerdem bewegt sich die Zahl der Anhänger dieser gewaltbereiten Sekten, die den Islam für sich in Anspruch nehmen, im Promillebereich der Anhänger des Islam und sie mit dem Islam gleichzusetzen ist nichts anderes als die Anhänger gewaltbereiter freikirchlicher Sekten in Afrika mit dem Christentum

---

278 Die „Isis" ist eine Terrororganisation, die ein „Kalifat" im Namen des Islam im Nahen Osten zu errichten versucht und dabei vor keiner Grausamkeit zurückschreckt. Die Gelehrten der Ehlu Sunneh wel Dschema'ah verurteilen das Vorgehen der Isis und bezeichnen sie als „Kharidschiyyeh", also als Sektierer, die sich aus dem Mehrheitsislam herausbegeben haben, weil sie sich in ihrem Tun gegen den jahrhundertealten Konsens der islamischen Gelehrten stellen.

oder die muslimenmordenden buddhistischen Mönche in Myanmar mit dem Buddhismus gleichzusetzen.

Wie sollten wir uns nun Leuten gegenüber Verhalten, die Vorurteile gegen den Islam haben und uns mit Argwohn und Feindseligkeit begegnen?

Als erstes einmal sollten wir hierbei Ruhe bewahren und uns nicht auf das Niveau dieser Leute herunterziehen lassen. Wir bleiben ihnen gegenüber freundlich und gelassen und streiten nicht mit ihnen herum. Denn der Erhabene Allah will von uns, dass wir jeden Menschen gut behandeln, auch dann, wenn er uns verbal angreift, und Er will von uns, dass wir Schlechtes mit Gutem beantworten, wenn man uns Unrecht tut. Er will nicht, dass wir wegen unserer Religion mit den Leuten herumstreiten, weil Er uns kennt und weiß, dass im Streit der Zorn unserer Triebseele die Kontrolle über uns erlangt und wir dann nicht mehr für das Wohlgefallen Allahs, sondern nur noch für die Diskutierfreudigkeit, Streitlust und Besserwisserei unserer eigenen Triebseele agieren.

Auch der Prophet stritt sich nicht mit den Leuten herum. Er behielt immer seine Würde, provozierte niemanden und griff keinen unter der Gürtellinie an. Er hielt sich an die Anweisung des Erhabenen Allah an Seine Propheten Musa und Harun, denen Er mit folgenden Worten empfahl, sanft mit dem Pharao zu sprechen: **„Darum sprecht mit ihm in sanften Worten, auf dass er sich vielleicht mahnen lässt oder sich (vor Allah) fürchtet!"**[279]

Nur wenn der Prophet sah, dass sein Gegenüber offen für Argumente war, brachte er diese Argumente vor und versuchte ihn auf schönste Weise davon zu überzeugen, dass der Islam die Religion des diesseitigen Friedens und des jenseitigen Glücks ist. Hierzu riet ihm der Erhabene Allah im Edlen Quran:

---

279 20. Sura: Taha, Vers 44.

„Und diskutiert mit den Leuten der Schrift nicht anders als auf schönste Weise; mit Ausnahme jener, die ungerecht sind!"[280]

Mit Leuten aber, die schon eine vorgefertigte Meinung über den Islam mitbrachten und rationellen Argumenten nicht zugänglich waren, diskutierte der Prophet ﷺ überhaupt nicht herum, sondern entfernte sich von ihnen.

Ein jeder von uns ist ein Botschafter des Islam. Dies gilt ganz besonders gegenüber jenen Menschen, mit denen wir tagtäglich in unserem Alltag zu tun haben. In der Arbeit, in der Schule, gegenüber unseren Nachbarn und Familienmitgliedern können wir tagtäglich zeigen, wie schön doch der islamische Charakter und die islamischen Umgangsformen sind. Wenn wir uns mit dem Leben des Propheten ﷺ, seiner Gefährten ﷺ und der Großen der Religion beschäftigen, werden wir mit der Zeit lernen, uns richtig zu verhalten und werden vom Erhabenen Allah ﷻ die Kraft dafür erhalten, stets geduldig, nachsichtig und freundlich mit unseren Mitbürgern umzugehen, auch wenn wir wieder einmal von aufgehetzten Wutbürgern wegen unserer Religion angegriffen werden. Wenn wir uns am Vorbild des Gesandten Allahs ﷺ orientieren, können wir nichts falsch machen. Dann verzichten wir auf unsere Besserwisserei und Rechthaberei und streiten mit den Leuten nicht wegen irgendwelcher nichtigen Dinge wie Politik herum. Wir sind nicht der außenpolitische Sprecher der Türkei und nicht der Verteidiger der Politik des marokkanischen Königs. Es gibt viel wichtigere Dinge als diese und wenn wir nicht einmal wegen der wichtigsten Sache in unserem Leben - unserer Religion - mit den Angehörigen anderer Religionsgemeinschaften herumdiskutieren sollen, wieso sollten wir dies dann wegen viel unwichtigeren Dingen wie Politik tun dürfen? Solche Dinge vergiften nur das Klima und treiben die Spaltung der Gesellschaft weiter voran. Und das Spalten der Gesellschaft ist den Muslimen nicht erlaubt, denn ein funktionierender Staat mit einer

---

280 29. Sura: El-Ankebut, Vers 46.

funktionierenden Gesellschaft ist das Fundament für die Ausübung unserer Religion. Und wenn man meint, dass man seinen Islam in einem nichtislamischen Land nicht mehr vollumfassend leben kann, dann sollte man sich überlegen, ob man nicht in ein anderes Land auswandert, anstatt zu versuchen, einzelne Gesellschaftsgruppen gegeneinander aufzuhetzen und das Land zu spalten.

Wenn wir uns wie richtige Muslime verhalten würden, würden viele Leute, die dem Islam skeptisch gegenüberstehen, schon bald erkennen, dass vom Islam weder für sie selbst noch für den Bestand der Gesellschaft eine Gefahr ausgeht. Im Gegenteil würden sie sehen, dass die islamischen Tugenden nicht anders als die Tugenden des „christlichen Abendlandes" sind und der Islam dieselben Werte vertritt, wie sie auch:

Tugenden wie Zuverlässigkeit, Pünktlichkeit, Fleiß, Disziplin, Aufrichtigkeit, Korrektheit, Pflichtbewusstsein, Sorgfalt, Verantwortungsbewusstsein, Ehrlichkeit, Treue, Respekt vor den Eltern, Älteren und Frauen, Reinlichkeit, Ordnungsliebe, Hilfsbereitschaft, Bescheidenheit, Schamhaftigkeit und Demut sind ebenso muslimische wie deutsche Tugenden.

Klassische religiöse Gebote wie das Verbot von Ehebruch, Diebstahl, Körperverletzung, Totschlag, Lug und Trug, Zinsnehmen, Wucher, Korruption, Vetternwirtschaft und vieles mehr sind genauso Teil der christlich abendländischen Kultur, wie der islamisch morgenländischen. Es gibt hier kaum Unterschiede, dafür Übereinstimmung um Übereinstimmung.

Die westliche und die östliche Kultur befruchten sich seit Jahrtausenden gegenseitig und sind sich deshalb viel näher, als es den meisten von uns bewusst ist. Wenn Nichtmuslime die vermeintlichen Unterschiede zwischen der westlichen und der östlichen Kultur hervorheben und die angebliche Überlegenheit ihrer Kultur gegenüber dem Islam betonen, dann sind sie immer wieder erstaunt, wenn man ihnen hierauf erwidert: „Diese Werte gibt es im Islam genauso, nur dass diese in der islamischen Welt noch ernstgenommen und praktiziert werden, in der westlichen Kultur hingegen immer mehr in den Hintergrund rücken und in Vergessenheit geraten."

Das Entscheidende bei alldem aber ist, dass wir nicht anderen Wasser predigen und selbst Wein trinken, sondern dass wir die Ge- und Verbote Allahs konsequent einhalten und durch unser schönes Verhalten zu einem Vorbild für die Angehörigen anderer Religionen werden.

Wenn wir dazu in der Lage sind, den Nichtmuslimen die Gemeinsamkeiten von westlicher und östlicher Kultur, von Islam und Christentum, näher zu bringen, dann werden bei diesen die vorhandenen Ängste und Vorurteile solange abnehmen, bis sie schließlich ganz verschwunden sind.

Und wenn erst einmal die Gemeinsamkeiten in den Vordergrund gerückt sind, werden die Nichtmuslime viel offener mit dem Islam umgehen und erkennen, dass der Islam dort Wahrheiten und Lösungen anzubieten hat, wo andere Religionen an die Grenzen ihrer Weisheit stoßen.

Der Grund hierfür ist, dass der Islam die letzte aller gottgesandten Religionen ist, die an alle Menschen zu allen Zeiten entsandt wurde und deshalb vom Erhabenen Allah ﷻ vor allen Veränderungen geschützt ist: Der Wortlaut des Edlen Quran ist unveränderlich und wenn wir uns bei seiner Interpretation an die Überlieferungen des Gesandten Allahs ﷺ und die praktische Umsetzung der Rechtsschulgelehrten halten, werden wir ihn auch im Sinne des Erhabenen Allah ﷻ richtig verstehen und in die Praxis umsetzen können.

Das Leben und Handeln des Gesandten Allahs ﷺ wurde uns von seinen Gefährten ﷺ bis ins kleinste Detail überliefert und diese seine Sunneh präzisiert die Vorschriften des Edlen Quran und erklärt uns, wie wir den Islam zu leben haben. Dank der großartigen Arbeit der ersten Generationen von Muslimen können wir uns auf zwei Offenbarungen stützen: Den Edlen Quran und die Sunneh des Gesandten ﷺ.

Wer sich hieran orientiert, ist ein Vogel, der zwei gesunde Flügel besitzt und damit in die höchsten Gefilde der Erkenntnis und Weisheit emporsteigen und auf diese Weise seinen Mitmenschen als Vorbild dienen und ihnen den rechten Weg weisen kann. In diesem Sinne sagte unser Lehrer einmal zu uns: „Es ist unmenschlich, wenn man um die Wahrheit weiß und die Nichtmuslime darüber in Unkenntnis lässt und sie offenen Auges ins Feuer laufen lässt. Darum müsst ihr euch darum bemühen, einen vollkommenen islamischen Charakter zu erlangen, damit ihr den Nichtmuslimen als Vorbilder vorangehen könnt und diese in euch die Schönheit und Wahrhaftigkeit des Islam erblicken und so auf den rechten Weg finden können."

Wir sollten also geduldig und nachsichtig mit unseren nichtmuslimischen Mitbürgern umgehen und ihr ablehnendes Verhalten gegenüber dem Islam und seinem Propheten ﷺ nicht persönlich nehmen, sondern wissen, dass dies ihrer Unkenntnis des echten Islam und ihren medienbefeuerten Vorurteilen entspringt. Würden sie die Schönheit des Islam und die Außergewöhnlichkeit Muhammeds ﷺ kennen, würden viele von ihnen nicht so schlecht darüber denken und sprechen.

An uns liegt es, mit diesen Missverständnissen aufzuräumen und Vorurteile abzubauen. Und dies geht nur, wenn wir den Islam so leben, wie es der Erhabene Allah ﷻ von uns verlangt. Hierbei sollten wir nie die Türen vollständig zuschlagen und uns nicht damit abfinden, wenn unsere alten nichtmuslimischen Freunde, Nachbarn oder Familienmitglieder den Kontakt mit uns abbrechen, weil diese dem Islam feindlich gegenüberstehen. Im Gegenteil ist es unsere Aufgabe, die Pforten zum Paradies für jedermann offen zu halten, indem wir weiterhin Kontakt mit unserem alten Umfeld pflegen.

Der Gesandte ﷺ sagte dazu:

„Nicht derjenige hält die Familienbande aufrecht, der mit Verwandten Kontakt hält, die ihm Gleiches mit Gleichen (also Gutes mit Gutem) vergelten, sondern der Aufrechterhalter der Familienbande ist derjenige, der die Familienbande wieder zusammenknüpft, nachdem sie abgerissen war (also Schlechtes mit Gutem vergilt)."[281]

---

281 El-Bukhari: El-Edeb, Nr. 5645.